Effectiveness Study and Optimization of Composition Mode of Tunnel Primary Support

隧道初期支护组合形式有效性研究与优化

仇文革　梅　竹　杨世武　王维富　李丁可　著

人民交通出版社股份有限公司

北　京

内容提要

本书基于浩吉铁路隧道修建实践，针对铁路隧道初期支护组合形式的有效性，开展了系统的研究工作。

全书从围岩压力表现形式、初期支护受力特征、初期支护组合形式有效性及优化三个方面入手，开展了基于三度空间理论的隧道围岩稳定性空间分布特征研究，并针对不同围岩条件，在浩吉铁路全线选取若干个隧道试验段，开展围岩压力、初期支护内力和变形监控量测的现场试验研究，最终提出适用于浩吉铁路全线的结构性和经济性双优的支护措施建议，为我国铁路隧道工程建设提供借鉴。

本书可供从事铁路隧道工程专业的设计、施工技术人员参考。

图书在版编目(CIP)数据

隧道初期支护组合形式有效性研究与优化 / 仇文革等著. — 北京 : 人民交通出版社股份有限公司, 2021.12

ISBN 978-7-114-17078-2

Ⅰ.①隧… Ⅱ.①仇… Ⅲ.①铁路隧道—围岩稳定性—研究 Ⅳ.①U459.1

中国版本图书馆 CIP 数据核字(2021)第 029470 号

Suidao Chuqi Zhihu Zuhe Xingshi Youxiaoxing Yanjiu yu Youhua

书　　名：隧道初期支护组合形式有效性研究与优化
著 作 者：仇文革　梅　竹　杨世武　王维富　李丁可
责任编辑：谢海龙　刘国坤
责任校对：孙国靖　龙　雪
责任印制：张　凯
出版发行：人民交通出版社股份有限公司
地　　址：(100011)北京市朝阳区安定门外外馆斜街 3 号
网　　址：http://www.ccpcl.com.cn
销售电话：(010)59757973
总 经 销：人民交通出版社股份有限公司发行部
经　　销：各地新华书店
印　　刷：北京虎彩文化传播有限公司
开　　本：787×1092　1/16
印　　张：5.25
字　　数：88 千
版　　次：2021 年 12 月　第 1 版
印　　次：2021 年 12 月　第 1 次印刷
书　　号：ISBN 978-7-114-17078-2
定　　价：38.00 元
(有印刷、装订质量问题的图书由本公司负责调换)

前　言

浩吉铁路是中国“十二五”规划纲要中的重大交通基础设施。铁路北起浩勒报吉南站，途经内蒙古、陕西、山西、河南、湖北、湖南、江西，南至京九铁路吉安站，共跨越7省区17市，全长1814.5km，设计速度120km/h，为国铁Ⅰ级重载铁路，规划年输送能力2亿t以上，是我国一次性建成的最长的重载铁路。浩吉铁路沿线隧道共有228座，总长529km，占线路总长的25%，其中黄土隧道63座，共计146km，10km以上隧道共计10座。

在浩吉铁路全线隧道修建过程中，有三个典型问题被重点关注：一是对于围岩完整性较好的Ⅲ级、Ⅳ级和Ⅴ级围岩隧道以及土质围岩隧道，系统锚杆是否发挥了其设计的作用？二是对于围岩完整性较差的Ⅳ级和Ⅴ级围岩隧道，初期支护采用“锚杆+钢架+钢筋网+喷射混凝土”的组合支护形式是否过于保守？三是部分隧道按照地质勘察资料进行设计却不能满足实际要求，出现衬砌开裂、剥落掉块以及大变形的情况，是什么原因导致的？而这三个问题在本质上又是同一个问题：依照现行《铁路隧道设计规范》(TB 10003)进行的围岩分级、支护设计和荷载检算是否完全适合浩吉铁路全线乃至中国其他铁路路线的修建工作？这里既包括隧道结构性方面，也包括工程经济性方面。

在总结和借鉴国内外铁路隧道修建技术的基础上，本书提出了隧道与围岩稳定性“三度空间”理论，并应用于浩吉铁路全线隧道的围岩稳定性空间分布特征研究中。同时，在浩吉铁路全线选取若干个隧道试验段，针对不同围岩条件开展了大量的现场试验，对围岩压力、初期支护内力和变形监控量测等数据进行采集和分析。以此为基础，本书从围岩压力表现形式、初期支护受力特征、初期支护组合形式有效性及经济性三方面展开研究和论述，并提出适用于浩吉铁路全线的结构性和经济性双优的支护措施建议，也为我国铁路隧道工程建设提供借鉴。

在研究工作开展和本书编写过程中，浩吉铁路股份有限公司、中铁第四勘察设计院集团有限公司和中国铁路设计集团有限公司的相关领导和科研人员给予了大力支持，西南交通大学李冰天博士对全书内容进行了仔细的校对，其他老师也给予了很多支持和帮助，在此谨向他们表示衷心的感谢！

限于作者水平，书中定有欠妥之处，敬请读者批评指正。

作　者

2021 年 5 月

目　　录

第1章 绪 论

1.1 研究背景及意义

隧道是交通基础设施的重要组成部分。随着我国铁路网的快速发展,隧道被越来越多地修建和使用。截至2019年底,全国公路隧道19067座❶,总里程18966.6km,其中特长隧道1175座,总里程5217.5km,长隧道4784座,总里程8263.1km;全国铁路隧道16084座,总里程18041km,其中高速铁路隧道3442座,总里程5515km,特长隧道170座,总里程2312km,长度20km以上的特长铁路隧道11座,总里程262km。

目前,我国的铁路隧道主要依据《铁路隧道设计规范》(TB 10003)进行设计。在勘测阶段,根据岩石坚硬程度指标(单轴饱和抗压强度R_c)和岩体完整程度指标(岩体完整性指数K_v)计算围岩基本质量指标BQ值,对围岩进行基本分级,并结合地下水出水状态、初始地应力状态及主要结构面产状,对围岩分级进行修正。在设计阶段,针对围岩分级、围岩软硬程度、隧道埋深和跨度的不同给出了相应的建议设计参数,结合工程类比和承载力检算来确定最终的设计参数。在施工阶段,通过监控量测进行修正,其中对于承载力检算,主要基于普氏理论和太沙基理论,围岩压力按松散荷载考虑,根据隧道埋深确定所受荷载,依据荷载-结构法进行检算。

蒙西至华中地区铁路煤运通道工程(以下简称"浩吉铁路")是我国"十二五"规划纲要中的重大交通基础设施。铁路北起浩勒报吉南站,途经内蒙古、陕西、山西、河南、湖北、湖南、江西,南至京九铁路吉安站,共跨越7省区17市,全长1814.5km,设计速度120km/h,为国铁Ⅰ级重载铁路,规划年输送能力2亿t以上,是我国一次性建成最长的重载铁路。

浩吉铁路全线共有228座隧道,总长529km(隧道左线长469km),占线路总长的25%。其中:黄土隧道63座,共计146km;全线10km以上隧道共计10座;最长的隧道为崤山隧道,长22.7km。隧道断面形式主要为单线及双线形式,个

❶ 不含港、澳、台数据。

别隧道为燕尾式或三线形式。单线隧道断面净空面积为31.38m²,双线隧道断面净空面积为63.98m²。线路穿越地层种类多,从太古界到新生代均有出露,分别为华北地层、秦祁地层、扬子地层和华南地层。部分隧道穿越新黄土、粉细砂地层、软岩、第三系富水砂层、长大断层破碎带、岩溶、煤层瓦斯、膨胀岩土、膏溶角砾岩、软土及松软土、高地温、有害气体、高地应力等地层。

在全线隧道修建过程中,有三个典型问题被重点关注:一是对于围岩完整性较好的Ⅲ级、Ⅳ级和Ⅴ级围岩隧道以及土质围岩隧道,系统锚杆是否发挥了其设计的作用?二是对于围岩完整性较差的Ⅳ级和Ⅴ级围岩隧道,初期支护采用"锚杆+钢架+钢筋网+喷射混凝土"的组合支护形式是否过于保守?三是部分隧道按照地质勘察资料进行设计却不能满足实际要求,出现衬砌开裂、剥落掉块以及大变形的情况,是什么原因导致的?而这三个问题在本质上又是同一个问题:依照现行的《铁路隧道设计规范》(TB 10003)进行的围岩分级、支护设计和荷载检算是否完全适合浩吉铁路全线乃至中国其他铁路线的修建工作?这里既包括隧道结构性方面,也包括工程经济性方面。

综上,浩吉铁路在总结和借鉴国内外铁路隧道修建技术的基础上,开展了一系列实践和创新工作。

1.2 隧道围岩分级及支护设计研究现状

工程围岩主要有四种分类方法:①按岩石饱和单轴抗压强度分类。它是按岩石饱和单轴抗压强度值,将岩石从坚硬到极软分成若干等级来评价岩石质量的好坏。②按岩石质量指标(Rock Quality Designation,RQD)分类。根据修正的岩芯采取率,评价岩体中结构面的发育程度以及岩体的完整性。③按岩土力学(Rock Mass Rating,RMR)分类。基于5个通用参数和1个修正参数给出一个总的岩体评分值作为衡量岩体工程质量的"综合特征值"。④巴顿(N. Barton)的岩体质量指标Q分类。适用于隧道工程的岩体分类,根据统计的结果将Q值与隧道自稳的跨度建立联系,并给出相关的参考值。

单轴饱和抗压强度是最早使用的相对比较简单的围岩分类方法,在工程上采用了较长时间。例如,新中国成立初按岩石强度分类以及岩石坚固系数(普氏系数)分类,但由于没有考虑岩体中其他因素,尤其是软弱结构面的影响,此方法目前已很少应用。

岩石质量指标RQD是由迪尔于1963年提出,后来逐步完善成一种岩体的分类。RQD是以修正的岩芯采取率来确定的,岩芯采取率是指采取岩芯总长度与钻孔在岩层中的长度之比。而 RQD,即修正的岩芯采取率是选用坚固完整的、其长度等于或大于 10cm 的岩芯总长度与钻孔在岩层中的长度之比。工程实践表明,RQD 是一种比岩芯采取率更好的指标。此外,岩石的 RQD 与岩体完整性关系密切。

岩土力学分级或者岩体分级 RMR 系统由南非科学与工业研究协会的 Bieniawski 基于在沉积岩中修筑浅埋隧道的经验总结而来。岩体的 RMR 值取决于 5 个通用参数和 1 个修正参数,这 5 个通用参数为岩石抗压强度 R_1、岩石质量指标 R_2、节理间距 R_3、节理状态 R_4和地下水状态 R_5,修正参数 R_6取决于节理方向对工程的影响。

来自挪威岩土技术协会(NGI)的巴顿等人总结了 200 多个隧道与地下洞室的案例,于 1974 年提出了著名的岩体质量指标 Q 分类法(以下简称 Q 法)。他们将岩体质量 Q 值定义为:

$$Q=\left[\frac{\mathrm{RQD}}{J_{\mathrm{n}}}\right]\left[\frac{J_{\mathrm{r}}}{J_{\mathrm{a}}}\right]\left[\frac{J_{\mathrm{w}}}{\mathrm{SRF}}\right] \tag{1-1}$$

式中:RQD——Deere 的岩石质量指定值;

J_{n}——节理组数;

J_{r}——节理面粗糙程度数;

J_{a}——节理改变数;

J_{w}——节理水折减系数;

SRF——考虑了原位应力的应力折减系数。

Q 法所提供的围岩评价系统十分敏感,数值从 0.001 到 1000。在拱形隧道及地下洞室中较适用。当围岩质量从 $Q_{\min}$到 $Q_{\max}$时,平均围岩质量为 $(Q_{\min}\times Q_{\max})^{1/2}$,可用于设计计算中。根据 Q 法对围岩进行分级,见表 1-1。

Q 法围岩分级 表 1-1

Q	分级
0.001~0.01	极差
0.01~0.1	非常差
0.1~1	较差
1~4	差
4~10	一般
10~40	好

续上表

Q	分　级
40 ~ 100	较好
100 ~ 400	非常好
400 ~ 1000	极好

Grimstad 为软弱围岩提出了相应的支护系统，如图 1-1 所示。2002 年，巴顿对该图进行了微调。Kaiser 等指出 Q 法的局限性，认为 SRF 是最有争议的指标，并应忽略 Q 法分级系统中的 SRF 指标，而独立分析高地应力的不利影响，没有单一的参数指标能够完整地描述节理围岩的特性。

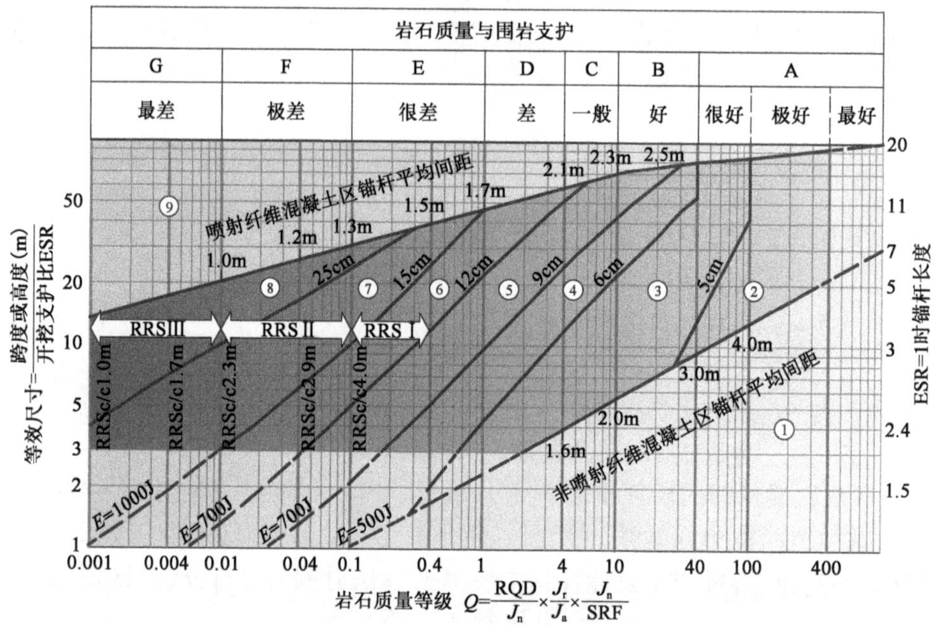

图 1-1　Q 法支护系统图

①-未支护；②-部分位置锚杆；③-系统锚杆；④-系统锚杆（素喷混凝土 4 ~ 10cm）；⑤-纤维喷射混凝土 5 ~ 9cm 与锚杆；⑥-纤维喷射混凝土 9 ~ 12cm 与锚杆；⑦-纤维喷射混凝土 12 ~ 15cm 与锚杆；⑧-纤维喷射混凝土大于 15cm、加强筋喷射混凝土与锚杆；⑨-模筑混凝土衬砌

我国铁路隧道围岩分级通常采用单轴饱和抗压强度 R_c 和岩体完整性指数 K_v 两项指标，并对应不同的衬砌形式。《铁路隧道设计规范》（TB 10003—2016）中复合式衬砌设计参数见表 1-2。

复合式衬砌设计参数 表 1-2

围岩级别	隧道开挖跨度	初期支护							二次衬砌厚度(cm)	
		喷射混凝土厚度(cm)		锚杆			钢筋网	钢架	拱墙	仰拱
		拱墙	仰拱	位置	长度(m)	间距(m)				
Ⅱ	小跨	5	—	局部	2.0	—	—	—	30	—
	中跨	5	—	局部	2.0	—	—	—	30	—
	大跨	5~8	—	局部	2.5	—	—	—	30~35	—
Ⅲ硬质岩	小跨	5~8	—	拱墙	2.0	1.2~1.5	拱部 @25×25	—	30~35	—
	中跨	8~10	—	拱墙	2.0~2.5	1.2~1.5	拱部 @25×25	—	30~35	—
	大跨	10~12	—	拱墙	2.5~3.0	1.2~1.5	拱部 @25×25	—	35~40	35~40
Ⅲ软质岩	小跨	8	—	拱墙	2.0~2.5	1.2~1.5	拱部 @25×25	—	30~35	30~35
	中跨	8~10	—	拱墙	2.0~2.5	1.2~1.5	拱部 @25×25	—	30~35	30~35
	大跨	10~12	—	拱墙	2.5~3.0	1.2~1.5	拱部 @25×25	—	35~40	35~40
Ⅳ深埋	小跨	10~12	—	拱墙	2.5~3.0	1.0~1.2	拱部 @25×25	—	35~40	40~45
	中跨	12~15	—	拱墙	2.5~3.0	1.0~1.2	拱部 @25×25	—	40~45	45~50
	大跨	20~23	10~15	拱墙	3.0~3.5	1.0~1.2	拱墙 @20×20	拱墙	40~45*	45~50*
Ⅳ浅埋	小跨	20~23	—	拱墙	2.5~3.0	1.0~1.2	拱部 @25×25	拱墙	35~40	40~45
	中跨	20~23	—	拱墙	2.5~3.0	1.0~1.2	拱墙 @20×20	拱墙	40~45	45~50
	大跨	20~23	10~15	拱墙	3.0~3.5	1.0~1.2	拱墙 @20×20	拱墙	40~45*	45~50*
Ⅴ深埋	小跨	20~23	—	拱墙	3.0~3.5	0.8~1.0	拱墙 @20×20	拱墙	40~45	45~50
	中跨	20~23	20~23	拱墙	3.0~3.5	0.8~1.0	拱墙 @20×20	全环	40~45*	45~50*
	大跨	23~25	23~25	拱墙	3.5~4.0	0.8~1.0	拱墙 @20×20	全环	50~55*	55~60*

续上表

围岩级别	隧道开挖跨度	初期支护							二次衬砌厚度(cm)	
		喷射混凝土厚度(cm)		锚杆			钢筋网	钢架	拱墙	仰拱
		拱墙	仰拱	位置	长度(m)	间距(m)				
$V_{浅埋}$	小跨	23~25	23~25	拱墙	3.0~3.5	0.8~1.0	拱墙 @20×20	全环	40~45*	45~50*
	中跨	23~25	23~25	拱墙	3.0~3.5	0.8~1.0	拱墙 @20×20	全环	40~45*	45~50*
	大跨	25~27	25~27	拱墙	3.5~4.0	0.8~1.0	拱墙 @20×20	全环	50~55*	55~60*

注：* 表示钢筋混凝土。

通过比较可以发现，我国设计规范建议的支护形式与 Q 法支护系统建议的支护形式有较大的差异，普遍支护形式较强。

1.3 隧道围岩压力及计算方式研究现状

根据产生围岩压力的不同机理，可将围岩压力分为松动压力、形变压力、冲击压力（岩爆）和膨胀压力（大变形）。在多数情况下，以松动压力和形变压力为主。

松动压力主要基于太沙基理论和普氏理论。对于浅埋隧道，开挖后隧道顶部岩体往往会产生较大的沉降，有的岩体甚至会出现塌落、冒顶等现象。基于这样一种破坏形式，太沙基建立了采用应力传递法计算隧道上覆岩柱重量的计算方法。对于深埋隧道，普氏理论认为开挖后往往会发生隧道顶部岩体的塌落，促使顶部岩体进行应力调整，最终形成一个自然平衡拱，使得平衡拱上部的岩体保持稳定，而作用在支护结构上的荷载即平衡拱内的岩体自重。

而形变压力是指隧道支护施工完成后，由于支护结构阻止了围岩变形的发展而产生的作用在支护结构上的力。

新奥法认为，隧道开挖后所产生的围岩压力是由岩体与支护结构共同承担的，而从某种意义上来说，岩体承担了围岩压力的主要部分。此外，新奥法还认为围岩压力应是塑性形变压力和塑性松动压力的组合。

《铁路隧道设计规范》（TB 10003—2016）给出的隧道荷载计算方法，仅考虑松动压力的作用。在计算深埋隧道衬砌荷载时，垂直均布压力为一定高度的土柱重量，土柱高度考虑围岩级别、隧道开挖宽度等影响因素，水平均布压力根据围岩级别的不同，其取值为垂直均布压力乘以一个系数。在计算浅埋隧道衬砌荷载时，土柱高度考虑隧道顶部到地表，同时考虑侧压力系数、隧道开挖宽度和覆土(岩)的性质。

综上，我国设计规范关于隧道围岩压力的计算在某些情况下可能无法反映真实情况，导致设计阶段给出支护措施不能很好地满足实际需求。

1.4 本书的研究内容

针对浩吉铁路隧道修建实践，本书从围岩压力表现形式、初期支护受力特征和初期支护有效性及经济性三个方面开展了以下研究：

(1)基于三度空间理论的隧道围岩稳定性空间分布特征研究。

(2)针对不同围岩条件(包括岩性、围岩分级、隧道埋深等)，在浩吉铁路隧道全线选取若干个隧道试验段，开展围岩压力、初期支护内力和变形监控量测的现场试验研究。

(3)提出适用于浩吉铁路隧道全线的结构性和经济性双优的支护措施建议，为我国铁路隧道工程建设提供借鉴。

研究的技术路线如图1-2所示。

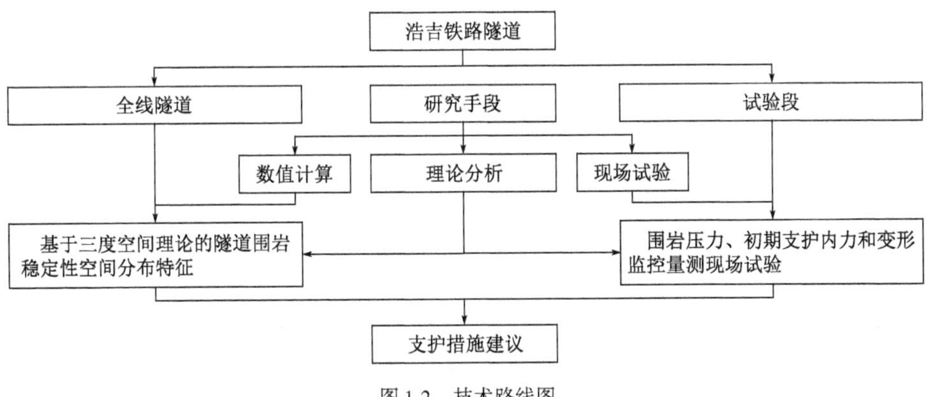

图1-2 技术路线图

第 2 章 浩吉铁路隧道围岩稳定性空间分布特征

2.1 三度空间理论概述

自然界中存在着大量的自然与人工的裸洞(溶洞、窑洞、石窟等),这些洞室在无支护状态下是长期稳定的,而在我们的“正规”工程中却几乎全部施作衬砌,甚至多为双层复合式衬砌。究其原因,指导我们设计的是基于太沙基理论和普氏理论的塌落拱理论,上述理论认为无论何种围岩均存在塌落拱,但是这并不完全符合事实。

不同洞室在修建时所处的地质环境、洞室大小、埋深、支护方式以及施工方法均会不同。本书作者通过现场调查天然及人工洞室以及基于大量已建隧道与地下空间的地质勘察资料统计洞室的埋深、形状、大小等相关参数,进行力学稳定性分析,同时对这些洞室所处地质环境空间分布特征(主要包括地层强度场分布规律、地应力场分布规律)进行统计分析,最终提出三度空间理论,即从地表向地下,受埋深、岩性和洞室形状与大小的影响,普遍存在着一种规律与节奏:

浅埋,稳定性差——支护困难(Poor—Difficult,简称 DI Space);

深埋,稳定性好——支护容易(Rich—Easy,简称 E Space);

超深埋,稳定性又差——支护再次困难(Poor—Difficult, 简称 DII Space)。

隧道与地下空间围岩稳定性“三度空间”可用图 2-1 进行描述。其中[σ]为岩体强度,σ 为主应力。由图 2-1 可知,随着隧道埋深的增加,围岩条件由差变好再变差,最后维持恒定,围岩所处应力场的应力则逐渐增大。隧道与地下空间围岩稳定性存在两个困难空间和一个容易空间。

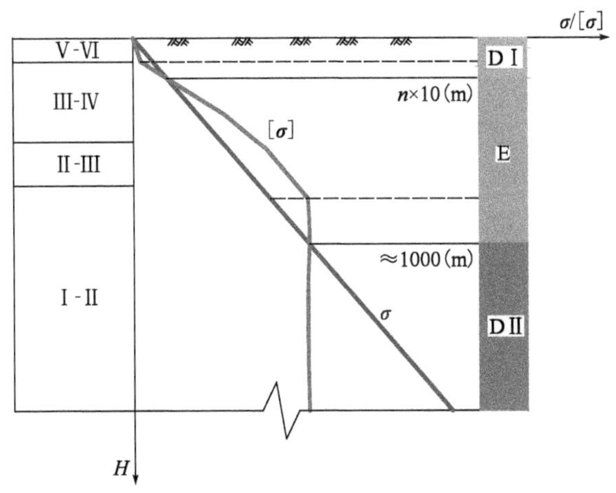

图 2-1　隧道与地下空间围岩稳定性“三度空间”图示

2.2　隧道与围岩稳定性“三度空间”的判定

2.2.1　Ⅱ～Ⅵ级围岩的“难—易—难”空间划分

基于《铁路隧道设计规范》(TB 10003—2016)提供的各级围岩计算参数，采用强度折减法针对浩吉铁路单、双线隧道进行了隧道毛洞的稳定性计算，得到不同埋深下的安全系数，取安全系数为 1.15，可得到不同围岩级别的单双线隧道的分区埋深值，如图 2-2 和表 2-1 所示。

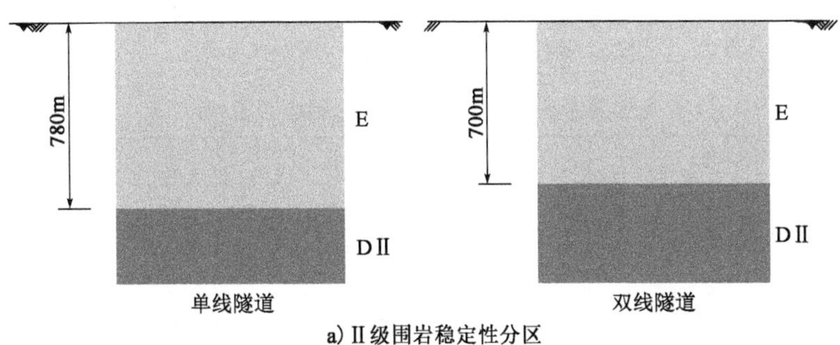

a) II 级围岩稳定性分区

图　2-2

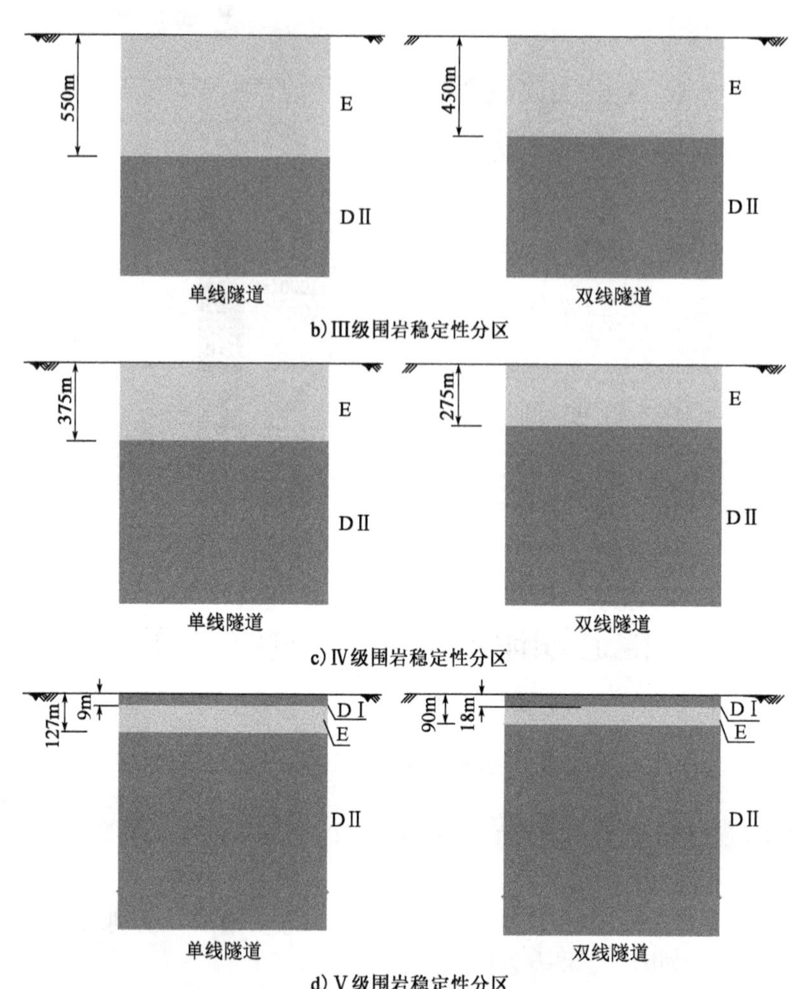

图 2-2　各级围岩单双线隧道稳定性分区埋深

各级围岩单双线隧道稳定性分区埋深值(m)　　表 2-1

线路形式	埋　深	Ⅱ	Ⅲ	Ⅳ	Ⅴ
单线	H_1	0	0	0	9
	H_2	780	550	375	127
双线	H_1	0	0	0	18
	H_2	700	450	275	90

(1)浅埋工况:上述DⅠ空间($H < H_1$),按浅埋塌落体荷载设计,一般选配

重型支护。

(2)深埋工况:上述 E 空间($H_1 \leqslant H < H_2$),如按岩块强度,假定围岩为似连续体时,毛洞能自稳,即此埋深条件下不足以使岩块发生应力(强度)控制型破坏,这一空间的围岩失稳主要表现为岩体产状形成的几何结构块体不稳定或松散破碎体的坍塌,可以定义为几何失稳。因此,深埋工况的支护类型选用及参数细化,按围岩完整性、产状、地下水、单双线洞形综合考虑确定,主要解决局部块体或破碎体的稳定问题,仅需要柔性(轻型)支护即可达到稳定。

(3)超深埋工况:上述 D Ⅱ空间($H \geqslant H_2$),由于应力场条件超过岩块强度,即使连续体也要发生强度破坏,非连续体可能同时存在强度破坏与几何失稳,往往伴随硬岩岩爆、软岩大变形。

2.2.2 隧道地质判释方法

优化设计将抛弃以往的以围岩级别为主的判定方法,拟采用掌子面地质素描和超前钻孔声波测试相结合的综合方法对地质情况进行判释。

即在隧道数字化管理的统一平台中,掌子面地质素描采用基于数码成像图像识别的数字化分析软件,可获得层理或节理的组数、走向和间距,利用三维重建技术,可以超前预测获得掌子面前方的围岩完整性情况和岩石层理、倾向等表观情况。进一步利用炮孔作为超前钻孔进行声波测试,获得掌子面围岩的纵波速度,推算岩石强度,从而结合掌子面地质素描预测技术对前方的围岩进行预测,作为设计的基础。

2.2.3 E 空间内隧道支护参数研究

利用地质判释的自动化分析系统提供的地质资料,可以对隧道毛洞进行稳定性分析和分级,相应确定施工方法和设计参数。

(1)与隧道围岩稳定性分类相对应,设置相应的分类支护手段和参数,支护分为轻型支护、重型支护、系统支护和局部支护。

(2)对于 E 空间,主张采用轻型支护,即初期支护一般采用喷射混凝土 + 锚杆的支护手段,喷射混凝土厚度一般在 15cm 以下,局部软弱或破碎围岩加设钢筋网或钢带(W 型钢带、槽钢或扁钢);对于浅埋隧道或断层破碎带,采用重型支护,即初期支护采用“钢架 + 网喷”的支护手段,钢架一般地段采用格栅钢架,特殊地段采用型钢钢架,喷射混凝土厚度一般在 20cm 及以上。

(3)稳定岩土体先挖后支,不稳定岩土体先支后挖,即采取超前管棚、锚杆、小导管或注浆等手段。

(4)施根据围岩条件和断面大小,尽量采用全断面开挖或台阶法开挖施工。

2.2.4 隧道稳定性分类理论与 Q 法的应用对比

本节以浩吉铁路九顶山隧道为例,依据隧道稳定性分类理论与 Q 法理论,对比两种理论给出的支护参数。

1) Ⅲ级围岩

根据掌子面识别技术,得到 RQD 值为 79% ,计算得到 Q 值为:

$$Q=\left[\frac{79}{2}\right]\left[\frac{3.0}{2.0}\right]\left[\frac{1.0}{1.0}\right]=59$$

根据 Q 法支护图可知,Q 法推荐的支护为局部的锚杆支护,锚杆长度为 3m。Ⅲ级围岩掌子面地质信息如图 2-3 所示。

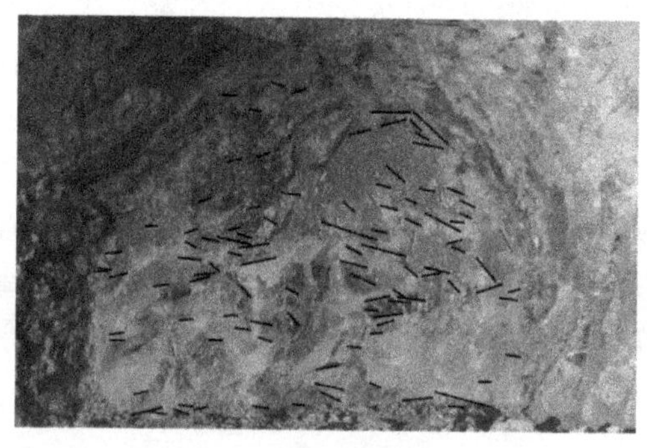

图 2-3 Ⅲ级围岩掌子面地质信息

注:主要的节理裂隙为 1 组,虚线为杂乱节理。第 1 组节理裂隙:101 个,平均长度:0.6m,平均间距:0.6m。杂乱节理裂隙:30 个,平均长度:0.5m。RQD:79% ,程序判识围岩级别:Ⅲ。

2) Ⅳ级围岩

根据掌子面识别技术,得到 RQD 值为 84% ,计算得到 Q 值为:

$$Q=\left[\frac{84}{4}\right]\left[\frac{3.0}{2.0}\right]\left[\frac{0.5}{2.0}\right]=7.9$$

Equivalent dimension 取 12.12/1.1 = 11.01。根据 Q 法支护图可知,Q 法推荐的支护为系统锚杆支护,锚杆长度为 3m,间距为 1.8m;喷射混凝土 5cm。Ⅳ级围岩掌子面地质信息如图 2-4 所示。

图 2-4　Ⅳ级围岩掌子面地质信息

注：主要的节理裂隙为 2 组。第 1 组节理裂隙：12 个，平均长度：0.8m，平均间距：0.7m。第 2 组节理裂隙：21 个，平均长度：0.5m，平均间距：0.4m。RQD：84%，程序判识围岩级别：Ⅳ。

3）Ⅴ级围岩

根据掌子面识别技术，得到 RQD 值为 89%，计算得到 Q 值为：

$$Q=\left[\frac{89}{4}\right]\left[\frac{3.0}{2.0}\right]\left[\frac{0.5}{5}\right]=1.48$$

Equivalent dimension 取 12.12/1.1 = 11.01。根据 Q 法支护图可知，Q 法推荐的支护为钢纤维喷混凝土加系统锚杆支护（systematic bolt），钢纤维喷混凝土厚度为 9cm，锚杆长度为 3m，间距为 1.3m。Ⅴ级围岩掌子面地质信息如图 2-5 所示。

图 2-5　Ⅴ级围岩掌子面地质信息

注：主要的节理裂隙为 3 组。第 1 组节理裂隙：7 个，平均长度：1.0m，平均间距：1.0m。第 2 组节理裂隙：7 个，平均长度：1.2m，平均间距：0.7m。第 3 组节理裂隙：3 个，平均长度：0.8m，平均间距：4.9m。RQD：89%，程序判识围岩级别：Ⅳ。

本书研究提出的支护建议与 Q 法推荐的支护对比见表 2-2。

隧道稳定性分类理论与 Q 法的应用对比 表 2-2

所选断面围岩信息					原设计初期支护	本研究推荐初期支护	Q 法推荐支护
Ⅲ级	一组节理	花岗岩、花岗闪长岩	无地下水	埋深 100m	喷混凝土 10cm 锚杆长 2.5m,1.2m × 1.2m(环 × 纵) 钢筋网 25cm × 25cm	取消系统锚杆,网喷混凝土 25cm × 25cm 或喷纤维混凝土,厚度 10cm	Q 值:59。局部的锚杆支护,锚杆长度为 3m
Ⅳ级	二组节理	花岗岩、花岗闪长岩	地下水发育	埋深 60m	喷混凝土 22cm 锚杆长 3.0m,1.2m × 1.0m(环 × 纵) 钢筋网 25cm × 25cm 钢架:H150 四肢 ϕ22mm,间距 1m	H150 格栅钢架加网喷混凝土 25cm × 25cm,厚度 22cm H110 格栅钢架加喷纤维混凝土,厚度 15cm	Q 值:7.9。系统锚杆支护,锚杆长度为 3m,间距为 1.8m;喷射混凝土 5cm
Ⅴ级	四组节理	花岗岩、花岗闪长岩	地下水发育	埋深 40m	喷混凝土 23cm 锚杆长 3.5m,1.0m × 1.0m(环 × 纵) 钢筋网 20cm × 20cm 钢架:H160 四肢 ϕ22mm,间距 1m	系统锚杆 2.5m 长,间隔 1.8m + 25cm × 25cm,网喷混凝土 25cm 系统锚杆 2.5m 长,间隔 1.8m + 喷纤维混凝土 25cm	Q 值:1.48。钢纤维喷混凝土加系统锚杆支护,钢纤维喷混凝土厚度为 9cm,锚杆长度为 3m,间距为 1.3m

根据表 2-2 可知,原设计支护在所研究的Ⅳ级、Ⅴ级围岩断面,需要同时施作喷射混凝土、锚杆支护与钢架。本书研究推荐初期支护在所研究Ⅳ级、Ⅴ级围岩断面,不用同时施作喷射混凝土、锚杆支护与钢架,而是此三者的两两组合,即格栅钢架与喷射混凝土或者系统锚杆与喷射混凝土。Q 法推荐支护Ⅳ级时,Q 值为 7.9,推荐系统锚杆与喷射混凝土;Ⅴ级时,Q 值为 1.48,推荐钢纤维喷射混凝土与系统锚杆。

原设计支护与 Q 法推荐及本书研究推荐支护相比,较保守。本书研究推荐支护与 Q 法推荐支护相比,相对保守。

2.3 浩吉铁路隧道围岩稳定性空间分布特征

以各级围岩三度空间分布特征为基础,结合浩吉铁路地质资料,对全线 70 座单线隧道、142 座双线隧道进行统计,得到浩吉铁路全线各级围岩三度空间占比情况,如图 2-6 ~ 图 2-11 所示。

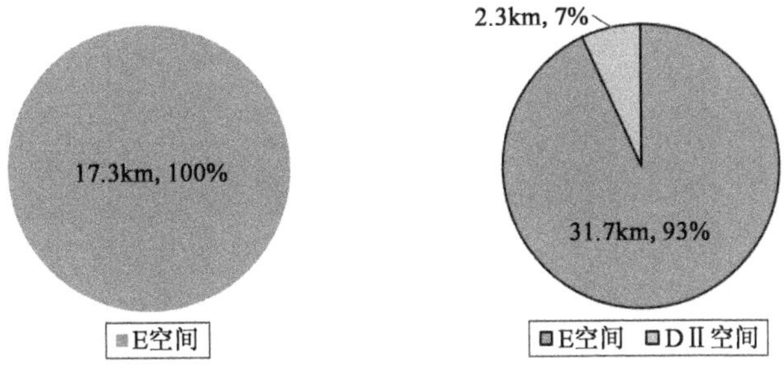

17.3km, 100%

E空间

a) 单线隧道

2.3km, 7%

31.7km, 93%

E空间　DⅡ空间

b) 双线隧道

图 2-6　Ⅱ级围岩三度空间占比

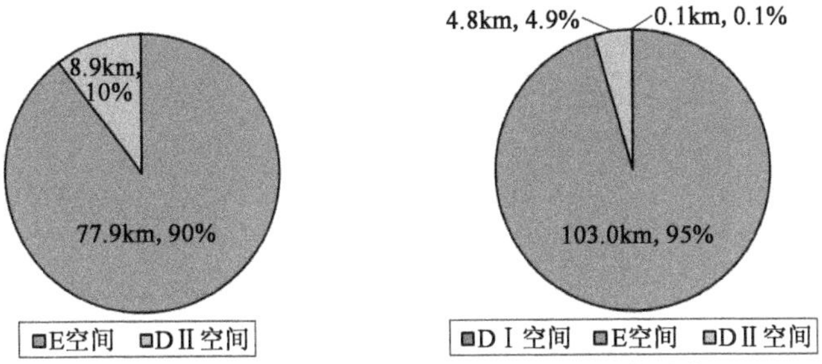

8.9km, 10%

77.9km, 90%

E空间　DⅡ空间

a) 单线隧道

4.8km, 4.9%

0.1km, 0.1%

103.0km, 95%

DⅠ空间　E空间　DⅡ空间

b) 双线隧道

图 2-7　Ⅲ级围岩三度空间占比

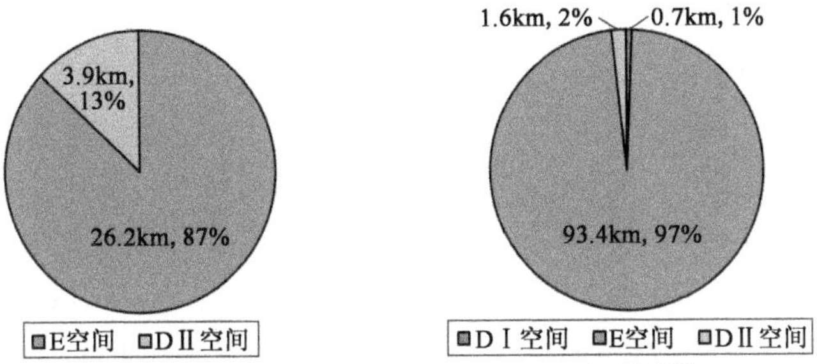

3.9km, 13%

26.2km, 87%

E空间　DⅡ空间

a) 单线隧道

1.6km, 2%

0.7km, 1%

93.4km, 97%

DⅠ空间　E空间　DⅡ空间

b) 双线隧道

图 2-8　Ⅳ级围岩三度空间占比

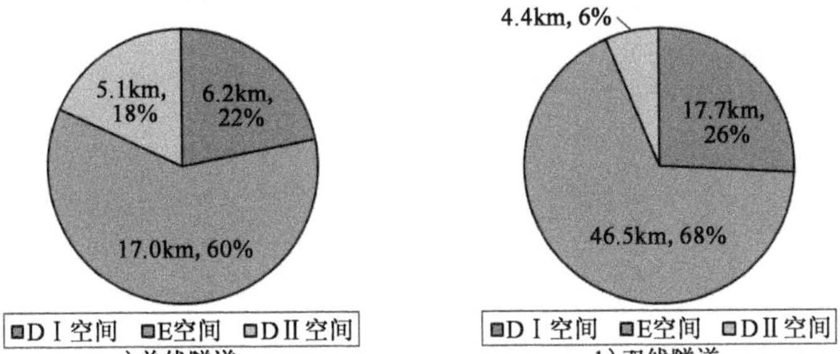

5.1km, 18%

6.2km, 22%

17.0km, 60%

DⅠ空间　E空间　DⅡ空间

a) 单线隧道

4.4km, 6%

17.7km, 26%

46.5km, 68%

DⅠ空间　E空间　DⅡ空间

b) 双线隧道

图 2-9　Ⅴ级围岩三度空间占比

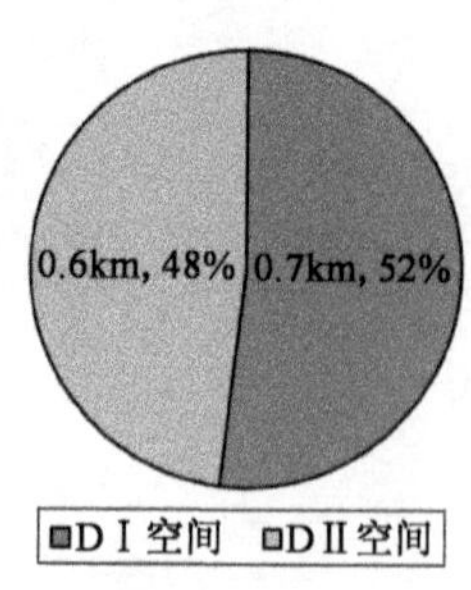

图 2-10 Ⅵ级围岩三度空间占比

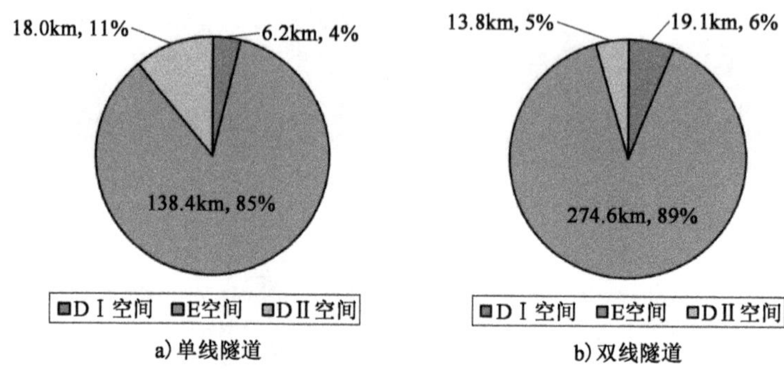

图 2-11 单、双线隧道三度空间占比

由图 2-6～图 2-11 可知，浩吉铁路单线隧道所有Ⅱ级围岩段均处于 E 空间，双线隧道Ⅱ级围岩段 E 空间占 93%，DⅡ空间仅占 7%；单线隧道Ⅲ级围岩段 E 空间占 90%，DⅡ空间占 10%，双线隧道Ⅲ级围岩段 DⅠ空间仅占 0.1%，E 空间占 95%，DⅡ空间占 4.9%；单线隧道Ⅳ级围岩段 E 空间占 87%，DⅡ空间占 13%，双线隧道Ⅳ级围岩段 DⅠ空间仅占 1%，E 空间占 97%，DⅡ空间占 2%；单线隧道Ⅴ级围岩段 DⅠ空间占 22%，E 空间占 60%，DⅡ空间占 18%，双线隧道Ⅳ级围岩段 DⅠ空间占 26%，E 空间占 68%，DⅡ空间占 6%；双线隧道Ⅵ级围岩段 DⅠ空间占 52%，DⅡ空间占 48%。对不同围岩级别下的单、双隧道三度空间分布进行汇总如图 2-11 所示。

第 3 章　隧道初期支护组合形式有效性试验研究

3.1　试验概况

3.1.1　试验方案

根据三度空间理论和浩吉铁路隧道围岩稳定性空间分布特征，对于处在 E 空间范围的隧道，其原支护组合形式过于保守，可优化空间比较大，支护有效性差，因此针对处于该埋深范围的隧道支护组合形式进行有效性试验研究。隧道处于 E 空间时，主要需解决局部块体或破碎体的稳定问题，仅需要柔性支护即可达到稳定。锚杆可提升围岩本身的承载能力，但对变形的控制并不显著，且其长度的确定尚有难度。型钢的刚度大，对净空变形的控制效果显著，但其重量大，架设困难、费时，在其背后易出现不密实的问题，造成喷射混凝土与围岩难以密贴，这对结构受力和控制围岩变形都是不利的；另外，多部开挖工法是隧道开挖的主流工法，各开挖部的连接处，钢架连接效果一般，整体质量不易保证。

基于上述问题，分别对土质和岩质隧道提出不同的初期支护组合形式，选取浩吉铁路湘赣段张坊隧道、连云山隧道、九岭山隧道、晋豫段大中山隧道、蒙陕段阳山隧道、延安隧道、郑庄隧道和姚店隧道，共计 8 座隧道，根据不同围岩级别、不同岩性从中选取若干试验段开展初期支护组合形式有效性研究。具体初期支护组合形式见表 3-1 和表 3-2。

土质隧道初期支护组合形式　　表 3-1

初期支护组合形式	试验隧道	围岩级别	土　质
网喷 + 格栅钢架	郑庄隧道	Ⅳ	黄土
	姚店隧道	Ⅴ	黄土

续上表

初期支护组合形式	试验隧道	围岩级别	土质
网喷+系统锚杆+格栅钢架(原设计)	郑庄隧道	Ⅳ	黄土
	姚店隧道	Ⅴ	黄土

岩质隧道初期支护组合形式 表 3-2

初期支护组合形式	试验隧道	围岩级别	岩性
局部锚杆	大中山隧道	Ⅱ	花岗岩
网喷+系统锚杆	张坊隧道	Ⅱ	花岗岩
	连云山隧道	Ⅲ	板岩
		Ⅳ	板岩
	九岭山隧道	Ⅲ	花岗岩
	大中山隧道	Ⅲ	花岗岩
网喷+格栅钢架	连云山隧道	Ⅴ	板岩
	九岭山隧道	Ⅳ	花岗岩
		Ⅴ	花岗岩
	阳山隧道	Ⅲ	砂泥岩
	延安隧道	Ⅳ	砂泥岩
网喷+系统锚杆+格栅钢架(原设计)	连云山隧道	Ⅴ	板岩
	九岭山隧道	Ⅳ	花岗岩
		Ⅴ	花岗岩
	阳山隧道	Ⅲ	砂泥岩
	延安隧道	Ⅳ	砂泥岩

具体的支护参数见表 3-3 和表 3-4。

3.1.2 监测断面

根据优化方案所选取的典型隧道工程,确定试验段进行隧道支护组合形式优化试验,试验段设置情况见表 3-5、表 3-6。

表 3-3

土质隧道组合形式支护参数表

组合形式	隧道名称	围岩级别	支护参数								
			喷射混凝土		锚杆			钢筋网			钢架
			部位	厚度（cm）	部位	长度（m）	环×纵间距（m）	部位	钢筋直径（mm）	网眼尺寸（cm）	型号@间距
网喷+格栅钢架	郑庄隧道	Ⅳ	拱墙	22	—	—	—	全环	纵 $\phi 6$ 环 $\phi 8$	20×20	H150（4肢 $\phi 22$）@1.0 全环
	姚店隧道	Ⅴ	全环	25	—	—	—	全环	$\phi 8$	20×20	H180（4肢 $\phi 22$）@0.7 全环
网喷+系统锚杆+格栅钢架（原设计）	郑庄隧道	Ⅳ	拱墙	22	边墙	3	1.2×1.0	全环	纵 $\phi 6$ 环 $\phi 8$	20×20	H150（4肢 $\phi 22$）@1.0 全环
	姚店隧道	Ⅴ	全环	25	边墙	3.5	1.2×1.0	全环	$\phi 8$	20×20	H180（4肢 $\phi 22$）@0.7 全环

岩质隧道组合形式支护参数表 表 3-4

组合形式	隧道名称	围岩级别	支护参数								
			喷射混凝土		锚杆			钢筋网			钢架
			部位	厚度(cm)	部位	长度(m)	环×纵间距(m×m)	部位	钢筋直径(mm)	网眼尺寸(cm×cm)	型号@间距
局部锚杆	大中山隧道	Ⅱ	—	—	局部	2.5	1~2	—	—	—	—
网喷+系统锚杆	张坊隧道	Ⅳ	拱墙	10	拱部	2.5	1.2×1.0	—	—	—	
	连云山隧道	Ⅲ	拱墙	10	边墙	2.5	1.2×1.2	—	—	—	—
	九岭山隧道	Ⅲ	拱墙	10	拱墙	2.5	1.5×1.5	拱部	$\phi6$	25×25	—
	大中山隧道	Ⅲ	拱墙	16	拱部	2.5	1.2×1.2	拱墙	$\phi8$	20×20	H110(3肢)@1.2 拱墙
网喷+格栅钢架	九岭山隧道	Ⅳ	拱墙	22	—	—	—	拱墙	$\phi8$	25×25	H160(4肢$\phi22$)@1.0 拱墙
		Ⅴ	拱墙	30	—	—	—	全环	$\phi8$	20×20	H220(4肢$\phi22$)@0.5 全环
	阳山隧道	Ⅲ	拱墙	16	拱部	2.5	1.2×1.2	拱墙	$\phi8$	20×20	H150(3肢)@1.2 拱墙
	延安隧道	Ⅳ	拱墙	22	—	—	—	拱墙	$\phi8$	25×25	H160(4肢$\phi22$)@1.0 拱墙
网喷+系统锚杆+格栅钢架(原设计)	延安隧道	Ⅳ	拱墙	22	拱墙	3	1.2×1.0	拱墙	$\phi8$	25×25	H160(4肢$\phi22$)@1.0 拱墙
	九岭山隧道	Ⅴ	拱墙	30	拱墙	3.5	1.0×0.8	全环	$\phi8$	20×20	H220(4肢$\phi22$)@0.5 全环

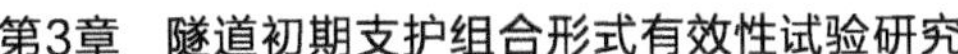

土质隧道试验段设置情况　　表 3-5

组合形式	隧道情况	初期支护组合形式		监测断面	埋深(m)
网喷+格栅钢架	Ⅳ级土质隧道	原设计	网喷+系统锚杆+格栅钢架(DK372+520~DK372+560)	DK372+529	134
				DK372+537	130
				DK372+553	123
		优化设计	网喷+格栅钢架(DK372+115~DK372+145)	DK372+123	95
				DK372+129	96
				DK372+135	98
	Ⅴ级土质隧道	原设计	网喷+系统锚杆+格栅钢架(DK357+220~DK372+238)	DK357+230	93
				DK357+225	94
				DK357+221	94
		优化设计	网喷+格栅钢架(DK357+238~DK372+256)	DK357+250	91
				DK357+245	91
				DK357+240	92

岩质隧道试验段设置情况　　表 3-6

组合形式	隧道情况	支护组合形式		监测断面	埋深(m)
局部锚杆	Ⅱ级岩质隧道(双线)	原设计	喷射混凝土+顶部锚杆	—	—
		优化设计	局部锚杆(DK792+200~DK792+360)	DK792+340	427
				DK792+348	433
				DK792+355	441
网喷+系统锚杆	Ⅱ级岩质隧道(单线)	原设计	喷射混凝土	—	—
		优化设计	喷射混凝土+拱部锚杆(DK1643+608~DK1643+615)	DK1643+608	176
				DK1643+613	177
				DK1643+615	179
	Ⅲ级岩质隧道(单线)	原设计	网喷+系统锚杆+格栅钢架	—	—
		优化设计	网喷+系统锚杆(DK1587+192~DK1587+203)	DK1587+192	107
				DK1587+197	107
				DK1587+203	109
	Ⅱ级岩质隧道(双线)	原设计	喷射混凝土+顶部锚杆(DK1681+790~DK1681+820)	DK1681+800	167
				DK1681+805	168
				DK1681+810	169
		优化设计	喷射混凝土	—	—

续上表

组合形式	隧道情况	支护组合形式		监测断面	埋深(m)
网喷+系统锚杆	Ⅲ级岩质隧道（双线）	原设计	网喷+系统锚杆（DK1681+530~DK1681+590）	DK1681+535	73
				DK1681+575	90
				DK1681+587	93
		对比设计	网喷+系统锚杆（DK1681+690~DK1681+750）	DK1681+722	107
				DK1681+727	107
				DK1681+732	109
		优化设计	网喷	—	—
网喷+格栅钢架	Ⅳ级岩质隧道（双线）	原设计	网喷+系统锚杆+格栅钢架+二次衬砌（DK1695+790~DK1695+822）	DK1695+822	61
				DK1695+807	58
				DK1695+802	58
		优化设计	网喷+格栅钢架+二次衬砌（DK1965+822~DK1965+850）	DK1695+843	57
				DK1695+841	57
				DK1695+839	56
	Ⅴ级岩质隧道（双线）	原设计	网喷+系统锚杆+格栅钢架+二次衬砌（DK1695+630~DK1695+660）	DK1695+657	40
				DK1695+650	40
		优化设计	网喷+格栅钢架+二次衬砌（DK1965+600~DK1965+630）	DK1695+617	45
				DK1695+615	45
				DK1695+602	42

3.1.3 监测项目

依托选取的试验段开展6个项目的监测工作，分别是：锚杆轴力、钢架应力、喷射混凝土应力、围岩压力、拱顶沉降及周边收敛，详见表3-7。

监测项目及所用仪器 表3-7

序号	量测项目	量测目的	量测仪器
1	锚杆轴力	掌握锚杆的受力状态，对锚杆的安全性进行评价	测试锚杆+轴力采集器
2	钢架应力	掌握支护钢架的应力状态，对支护的安全性进行评价	表面式应变计+振弦测试仪

续上表

序号	量测项目	量测目的	量测仪器
3	喷射混凝土应力	掌握支护喷射混凝土的应力状态，对支护的安全性进行评价	埋入式应变计+振弦测试仪
4	围岩压力	掌握围岩与支护之间的应力状态，对隧道的安全性进行评价	压力盒+振弦测试仪
5	拱顶沉降	掌握隧道洞室的竖直沉降变形大小，对隧道的安全性进行评价	水准仪+全站仪
6	周边位移	掌握隧道洞室的水平收敛变形大小，对隧道的安全性进行评价	收敛计

3.1.4　测点布置

1）测试锚杆布置

根据原设计与优化设计的隧道支护参数，选取代表性位置布设测力锚杆，如图3-1所示；测力锚杆上设置有6个测点，如图3-2所示。

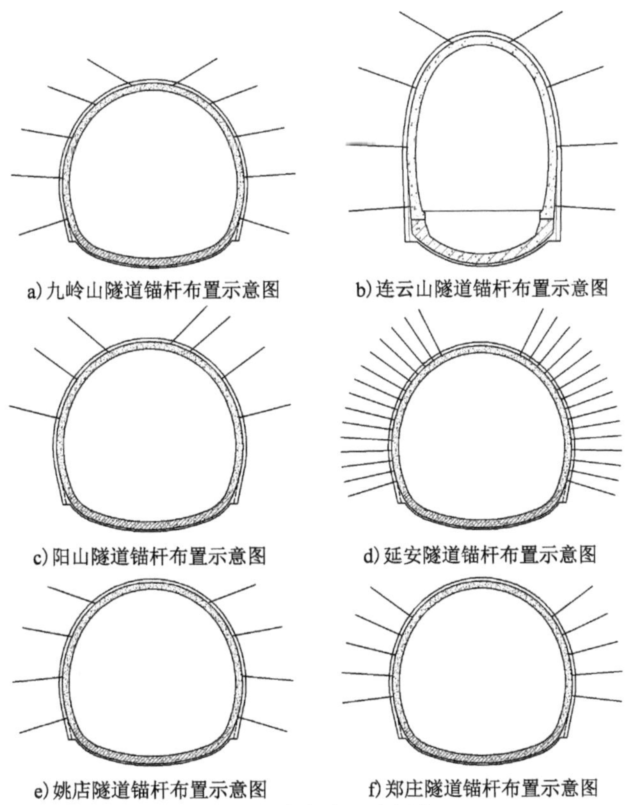

a）九岭山隧道锚杆布置示意图　b）连云山隧道锚杆布置示意图

c）阳山隧道锚杆布置示意图　d）延安隧道锚杆布置示意图

e）姚店隧道锚杆布置示意图　f）郑庄隧道锚杆布置示意图

图3-1　锚杆布置示意图

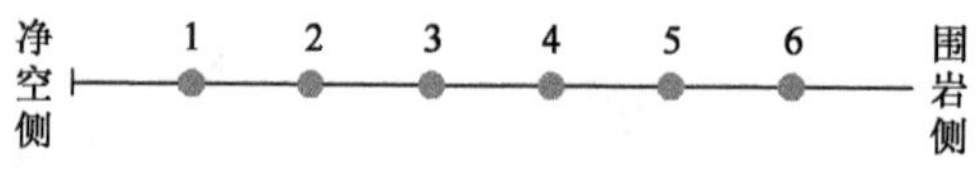

图 3-2 锚杆测点编号设置示意图

2)表面应变计布置

根据原设计与优化设计的隧道支护参数,选取隧道需关注截面如拱顶、拱腰、拱脚、墙脚及仰拱等位置设置表面应变计,如图 3-3 所示,WG01 ~ WG10 表示支护钢架外侧存在的测点,NG01 ~ NG10 表示支护钢架内侧存在的测点。

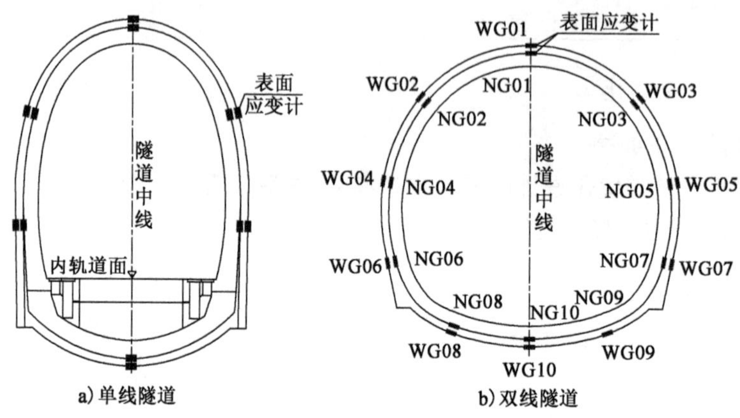

图 3-3 表面应变计布置示意图

3)埋入式应变计布置

根据原设计与优化设计的隧道支护参数,选取隧道需关注截面如拱顶、拱腰、拱脚、墙脚及仰拱等位置设置埋入式应变计,如图 3-4 所示,WT01 ~ WT10 表示支护喷射混凝土外侧存在的测点,NT01 ~ NT10 表示支护喷射混凝土内侧存在的测点。

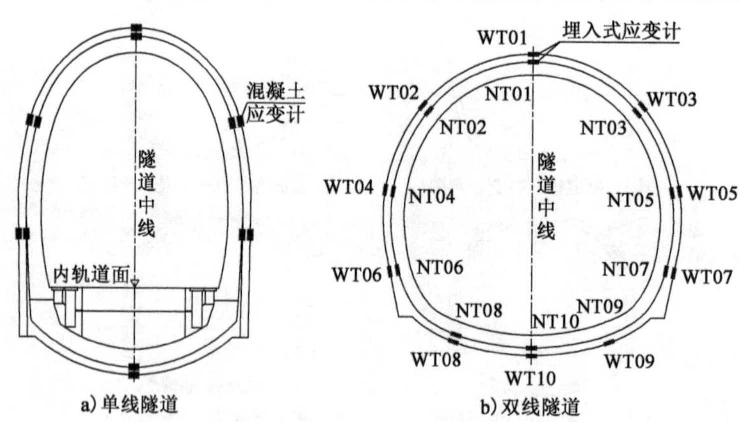

图 3-4 埋入式应变计布置示意图

4)压力盒布置

根据原设计与优化设计的隧道支护参数,选取隧道需关注截面如拱顶、拱腰、拱脚、墙脚及仰拱等位置设置压力盒,如图3-5所示,WY01~WY10表示围岩与支护之间围岩压力的测点。

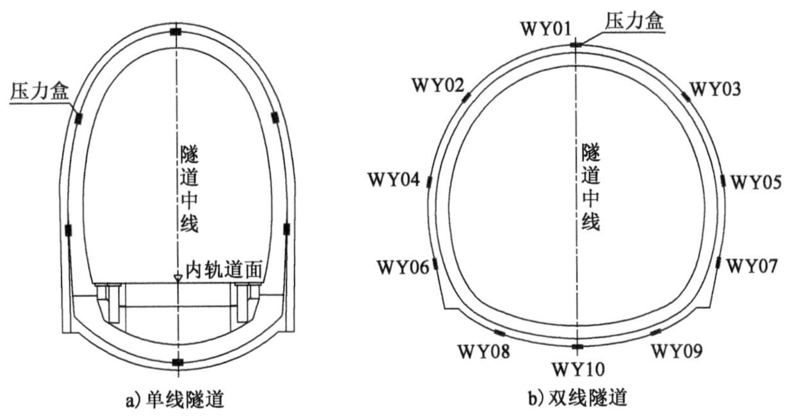

图3-5 压力盒布置示意图

5)位移量测布置

位移量测中拱顶沉降和水平收敛监测点布置示意图如图3-6所示,量测方案见表3-8,图中GD01是拱顶沉降的监测点,SL01和SL02是水平收敛的监测线。

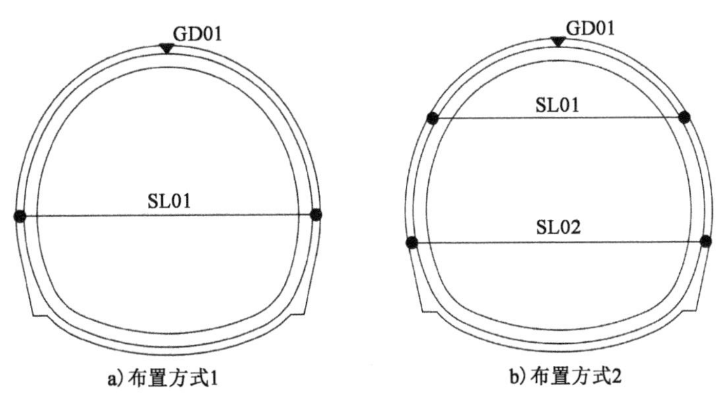

图3-6 位移量测布置示意图

位移量测方案 表3-8

布置方式	岩质隧道	土质隧道
布置方式1	Ⅱ、Ⅲ、Ⅳ	—
布置方式2	Ⅴ	Ⅳ、Ⅴ

3.1.5 量测仪器安装

根据试验监测断面和测点位置布置，安装量测仪器，现场量测仪器安装情况如图3-7所示。

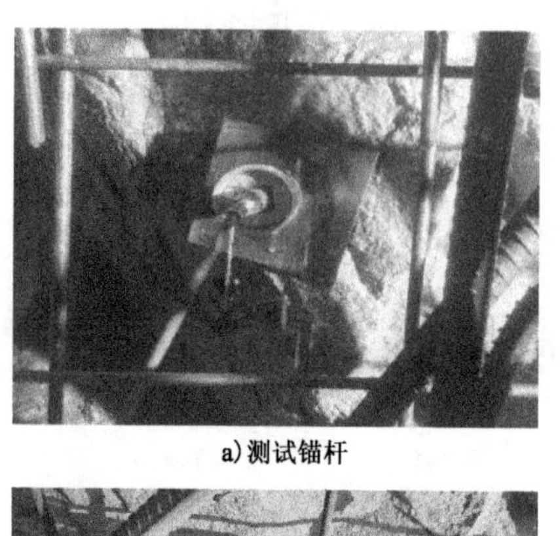

a）测试锚杆

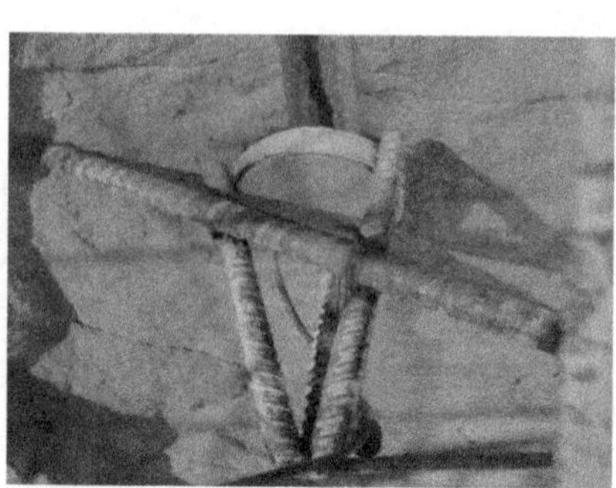

b）压力盒

c）表面应变计

d）埋入式应变计

图3-7 现场量测仪器安装

3.1.6 监测频率

为确保监测结果的科学性，各量测项目通常的监测频率见表3-9，若遇突发事件，则加强观测，各量测项目原则上应根据其变化的大小来确定观测的频度。

数据监测频率 表3-9

序号	量测项目	数据精度	量测间隔时间			
			1～15天	16～30天	1～3个月	大于3个月
1	锚杆轴力	1kN	1～2次/天	1次/2天	1～2次/周	1～3次/月
2	钢架应力	0.01MPa				

续上表

序号	量测项目	数据精度	量测间隔时间			
			1~15天	16~30天	1~3个月	大于3个月
3	喷射混凝土应力	0.01MPa	1~2次/天	1次/2天	1~2次/周	1~3次/月
4	围岩压力	0.01MPa				
5	周边位移	0.01mm				
6	拱顶沉降	0.01mm				

3.2 土质隧道初期支护有效性研究

3.2.1 Ⅳ级土质隧道

1)工况概述

Ⅳ级土质隧道试验段里程为DK372+520~DK372+560、DK372+115~DK372+145,隧道埋深80~134m,掌子面围岩主要是黏质老黄土、砂质老黄土。掌子面揭露呈黄色,节理裂隙较发育,毛开挖面自稳较困难,部分有随时间掉块的现象,围岩强度低,有少量地下水。试验段隧道掌子面影像如图3-8所示。

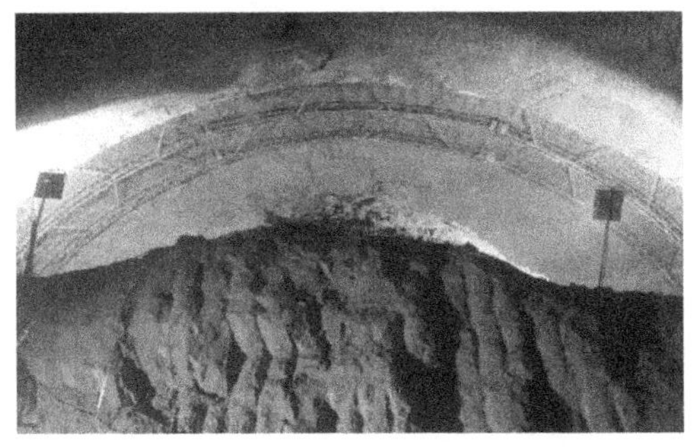

图3-8 Ⅳ级土质隧道试验段掌子面影像

2)原设计数据分析

Ⅳ级土质隧道原设计支护组合形式试验段选取的监测断面为DK372+529、DK372+537、DK372+553,监测数据均已趋于稳定,并以稳定时监测数据终值作为分析内容,对试验段的锚杆轴力、钢架应力、喷射混凝土应力、围岩压力、拱顶沉降和水平收敛进行如下分析:

(1)锚杆轴力

各断面锚杆轴力分布如图3-9所示,受力综合分析见表3-10。监测数据表明，Ⅳ级土质隧道应用“网喷＋系统锚杆＋格栅钢架”支护组合形式时，试验段锚杆轴力分布表现为随机性，轴力数值存在突变性与不连续性，所以锚杆的支护效果是区域性的，可对隧道周边围岩存在的破碎部分（几何不稳定体）起到一定的支护作用；而从锚杆轴力整体分布来看，并未呈现明显的坍落拱式受力形态，因此对于隧道来说存在坍落拱荷载是不合理的；但锚杆轴力普遍很小，轴力最大值为 45kN，位于 8 号锚杆测点 6 位置，相比于锚杆材料的极限抗拉力 197.6kN，锚杆均未充分发挥其材料性能。

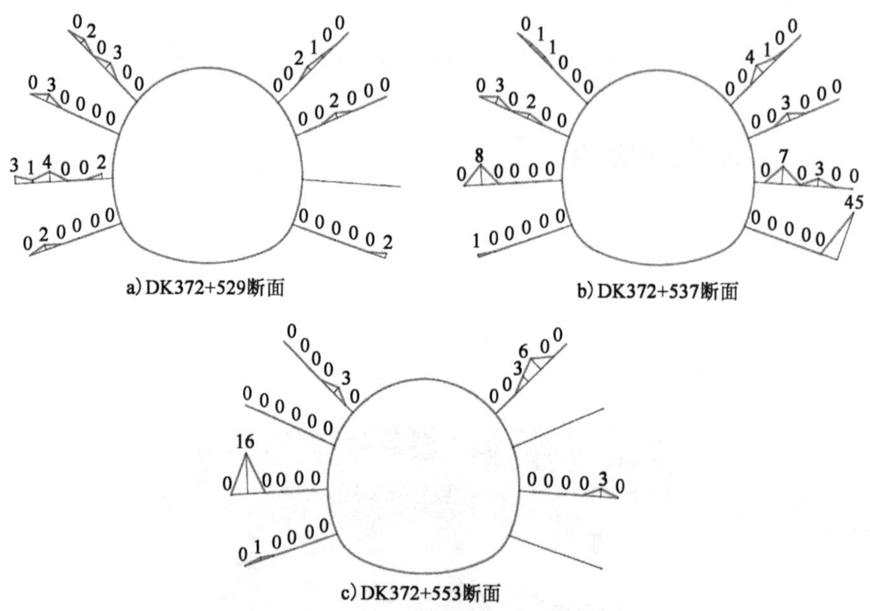

a) DK372+529断面　　b) DK372+537断面

c) DK372+553断面

图 3-9　原设计支护组合形式锚杆轴力分布图（单位：kN）

原设计支护组合形式锚杆受力综合分析表　　表 3-10

锚杆编号	轴力最大值（kN）	对应测点	轴力平均值（kN）
1号	3	测点 2、3	0.56
2号	6	测点 4	0.94
3号	3	测点 5	0.44
4号	3	测点 3	0.42
5号	16	测点 5	1.89
6号	7	测点 2	1.08
7号	2	测点 5	0.22
8号	45	测点 6	3.92

(2)钢架应力

对3个试验断面进行综合分析,得到钢架应力包络图(图3-10),其中,“+”表示受拉,“-”表示受压。监测数据表明,Ⅳ级土质隧道应用“网喷+系统锚杆+格栅钢架”支护组合形式时,钢架内外侧应力分布均表现为一定的随机性,但普遍表现为受压,压应力最大值为334.98MPa,位于右边墙内侧位置,相比于钢架主筋材料的极限压应力400MPa,局部位置钢筋主筋对其材料性能应用较明显,从应力角度得到钢架最小安全系数是1.19,仍具有一定的安全储备。

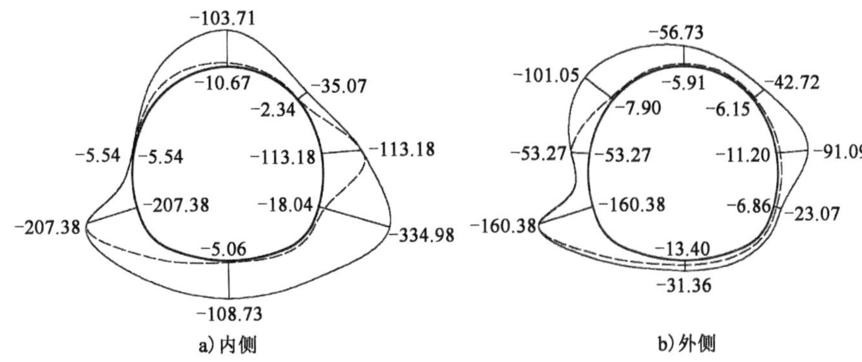

图3-10 原设计支护组合形式钢架应力包络图(单位:MPa)

(3)喷射混凝土应力

对3个试验断面进行综合分析,得到喷射混凝土应力包络图(图3-11),其中,“+”表示受拉,“-”表示受压。监测数据表明,Ⅳ级土质隧道应用“网喷+系统锚杆+格栅钢架”支护组合形式时,喷射混凝土内外侧应力分布均表现为一定的随机性,但普遍表现为受压,压应力最大值为23.35MPa,位于左拱脚外侧位置,相比于喷射混凝土材料的极限抗压强度,局部位置喷射混凝土对其材料性能应用较明显,但仍具有一定的安全储备。

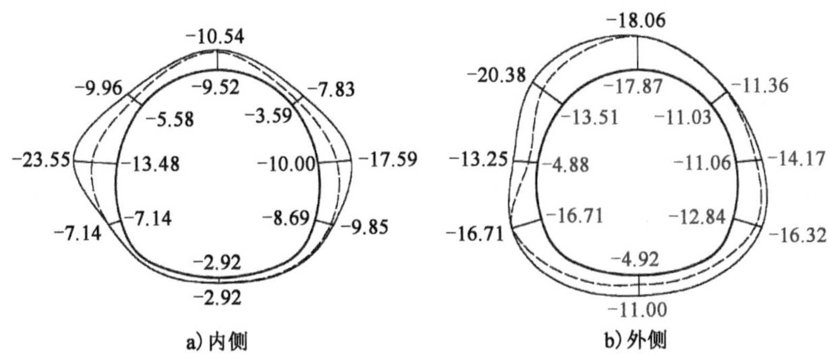

图3-11 原设计支护组合形式喷射混凝土应力包络图(单位:MPa)

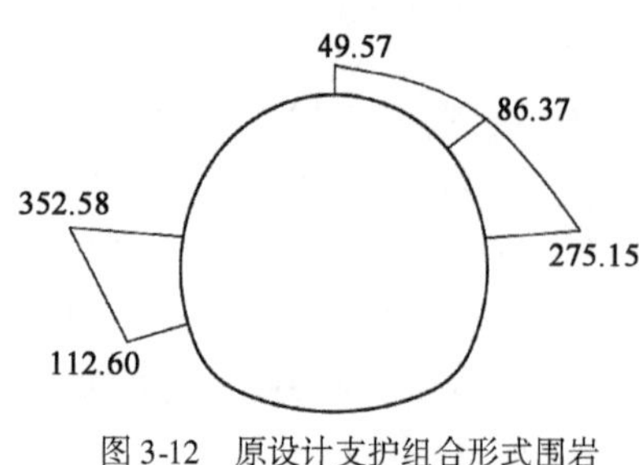

图 3-12 原设计支护组合形式围岩压力分布图(单位:kPa)

(4)围岩压力

围岩压力断面分布如图 3-12 所示。监测数据表明,Ⅳ级土质隧道应用“网喷 + 系统锚杆 + 格栅钢架”支护组合形式时,最大围岩压力为 352.58kPa,位于左拱脚位置。根据《铁路隧道设计规范》(TB 10003—2016)坍落荷载作用下的围岩压力计算方法,试验断面围岩垂直压力计算值为 123.99kPa,对比监测值和计算值可知,试验断面围岩压力监测值大于坍落荷载作用下的围岩压力计算值。

(5)拱顶沉降和水平收敛

试验段监测的隧道拱顶沉降和水平收敛量测结果见表 3-11。监测数据表明,Ⅳ级土质隧道应用“网喷 + 系统锚杆 + 格栅钢架”支护组合形式时,隧道拱顶沉降和水平收敛最终收敛值均小于限值,且周边围岩均向隧道净空侧变形。

原设计支护组合形式拱顶沉降和水平收敛 表 3-11

量测类型	监测点	最终收敛值(mm)
拱顶沉降	GD01	12.10
水平收敛	SL01	17.52
	SL02	12.98

3)优化设计数据分析

Ⅳ级土质隧道优化设计支护组合形式试验段选取的监测断面为 DK372 + 123、DK372 + 129、DK372 + 135,监测数据均已趋于稳定,并以稳定时监测数据终值作为分析内容,对试验段的钢架应力、喷射混凝土应力、拱顶沉降和水平收敛进行如下分析:

(1)钢架应力

对 3 个试验断面进行综合分析,得到钢架应力包络图(图 3-13),其中,“ + ”表示受拉,“ - ”表示受压。监测数据表明,Ⅳ级土质隧道应用“网喷 + 格栅钢架”支护组合形式时,钢架内外侧应力分布均表现为一定的随机性,但普遍表现为受压,压应力最大值为 36.74MPa,位于右拱脚内侧位置,相比于钢架主筋材料的极限压应力 400MPa,钢筋主筋均未充分发挥其材料性能,从应力角度得到钢架最小安全系数是 10.89,具有一定的安全储备。

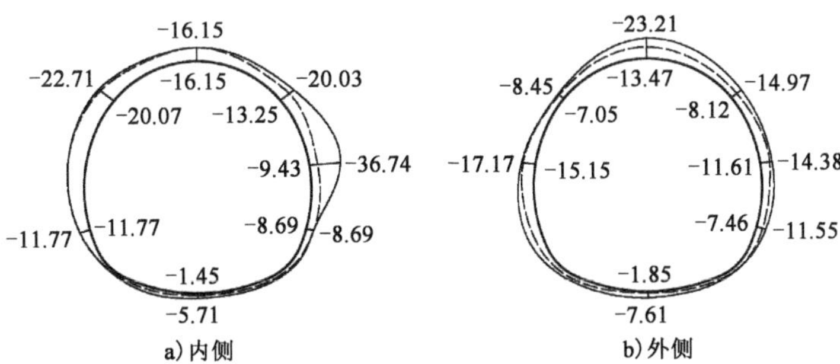

图 3-13　优化设计支护组合形式钢架应力包络图(单位:MPa)

(2)喷射混凝土应力

对 3 个试验断面进行综合分析,得到喷射混凝土应力包络图(图 3-14),其中,"+"表示受拉,"-"表示受压。监测数据表明,Ⅳ级土质隧道应用"网喷+格栅钢架"支护组合形式时,喷射混凝土内外侧应力分布均表现为一定的随机性,但普遍表现为受压,压应力最大值为 28.80MPa,位于左拱脚内侧位置,相比于喷射混凝土材料的极限抗压强度,局部位置喷射混凝土对其材料性能应用过荷,但结合钢架受力,支护结构仍在安全范围内。

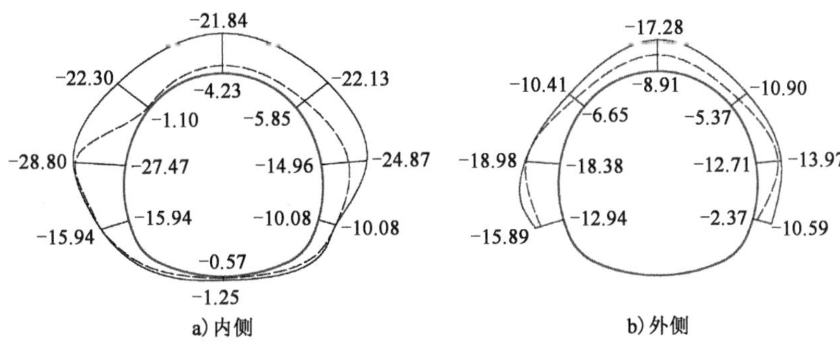

图 3-14　优化设计支护组合形式喷射混凝土应力包络图(单位:MPa)

(3)拱顶沉和水平收敛

试验段监测的隧道拱顶沉降和水平收敛量测结果见表 3-12。监测数据表明,Ⅳ级土质隧道应用"网喷+格栅钢架+二次衬砌"支护组合形式时,隧道拱顶沉降和水平收敛最终收敛值均小于限值,且周边围岩均向隧道净空侧变形。

原设计支护组合形式拱顶沉降和水平收敛　　表 3-12

量测类型	监测点	最终收敛值(mm)
拱顶沉降	GD01	21.20
水平收敛	SL01	3.33
	SL02	17.87

4)小结

根据对采用“网喷+格栅钢架”初期支护组合形式的Ⅳ级土质隧道数据分析可知,锚杆可对隧道周边围岩存在的破碎部分(几何不稳定体)起到一定的支护作用,但并未呈现明显的坍落拱式受力形态,且锚杆轴力普遍不大,均未充分发挥其材料性能;钢架和喷射混凝土受力普遍表现为受压,存在局部位置钢架和喷射混凝土对其材料性能应用较明显,甚至存在喷射混凝土对其材料性能应用过荷,但结合钢架受力,支护结构仍处于安全范围,但大部分位置钢架和喷射混凝土未充分发挥其材料性能;隧道围岩压力普遍大于塌落拱式受力形态下的围岩压力;结合隧道的位移监测,隧道周边围岩均向隧道净空侧变形,与钢架和喷射混凝土普遍受压的受力模式相符。因此,隧道支护主要承受周边围岩的形变压力,在支护设计方面应注重支护结构的压剪破坏。

综合分析处于裸洞能够自稳埋深范围的Ⅳ级土质隧道原设计和优化设计试验结果,应用原设计“网喷+系统锚杆+格栅钢架”初期支护组合形式时,隧道变形小于限值,隧道锚杆、钢架、喷射混凝土受力局部位置受力偏大但存在突变性,而大部分位置受力较小,未充分发挥其材料性能,因此“网喷+系统锚杆+格栅钢架”初期支护组合形式过于保守,尚未充分发挥各支护构件的支护效果,产生不必要的工程浪费,有效性差。应用优化设计“网喷+格栅钢架”初期支护组合形式时,隧道变形、钢架受力、喷射混凝土受力较原设计变化不大,且“网喷+格栅钢架”初期支护组合形式仍可满足初期支护要求,有效性得到提高,因此“网喷+格栅钢架”初期支护组合形式是合理可行的。同时,支护结构受力受支护时机和围岩应力释放的影响,在开挖过程中适当地释放围岩压力,将会大大减小支护结构的受力,经济性和安全性均可得到进一步提高。

3.2.2 Ⅴ级土质隧道

1)工况概述

Ⅴ级土质隧道试验段里程为DK357+220~DK357+256,隧道埋深91~94m,掌子面围岩主要是为黏质新黄土、砂质新黄土、黏质老黄土、砂质老黄土。弱掌子面揭露呈黄色,节理裂隙较发育,毛开挖面自稳较困难,部分有随时间掉块的现象,围岩强度低,掌子面比较干燥。试验段隧道掌子面影像如图3-15所示。

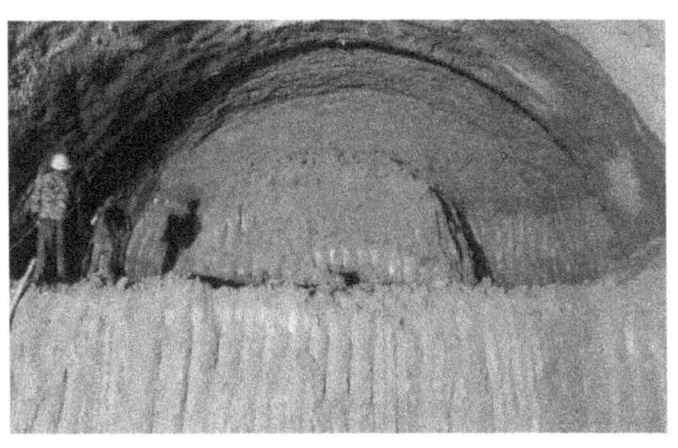

图 3-15 V级土质隧道试验段掌子面影像

2)原设计数据分析

V级土质隧道原设计初期支护组合形式试验段选取的监测断面为DK357＋230、DK357＋225、DK357＋221,监测数据均已趋于稳定,并以稳定时监测数据终值作为分析内容,对试验段的锚杆轴力、钢架应力、喷射混凝土应力、围岩压力、拱顶沉降和水平收敛进行如下分析:

(1)锚杆轴力

各断面锚杆轴力分布如图3-16所示,受力综合分析见表3-13。监测数据表明,V级土质隧道应用“网喷＋系统锚杆＋格栅钢架”初期支护组合形式时,试验段锚杆轴力分布表现为随机性,轴力数值存在突变性与不连续性,所以锚杆的支护效果是区域性的,可对隧道周边围岩存在的破碎部分(几何不稳定体)起到一定的支护作用;而从锚杆轴力整体分布来看,并未呈现明显的坍落拱式受力形态,因此对于隧道来说存在坍落拱荷载是不合理的;大部分锚杆轴力很小,但存在个别测点锚杆轴力较大,是因为围岩局部松弛荷载产生的拉力,锚杆轴力最大值为124kN,位于3号锚杆测点1位置,相比于锚杆材料的极限抗拉力197.6kN,锚杆仍未充分发挥其材料性能。

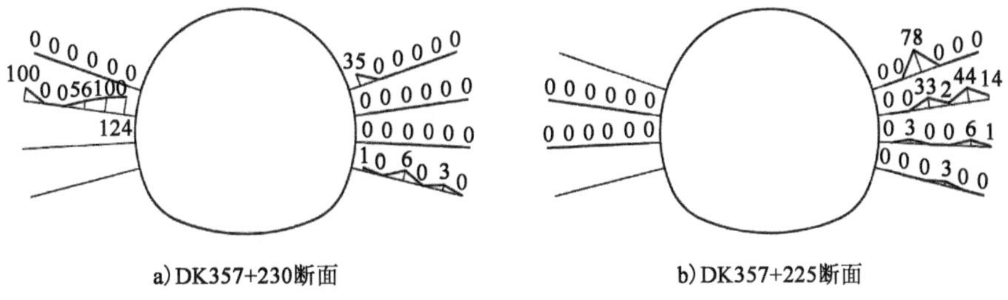

图 3-16

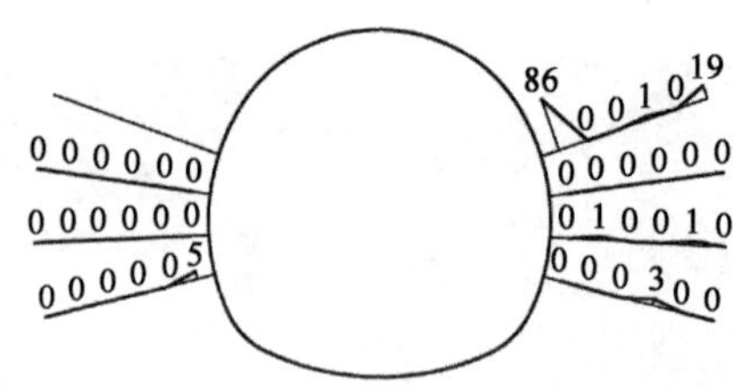

c) DK357+221断面

图 3-16 原设计支护组合形式锚杆轴力分布图(单位:kN)

原设计支护组合形式锚杆受力综合分析表　　表 3-13

锚杆编号	轴力最大值(kN)	对应测点	轴力平均值(kN)
1号	0	测点1~6	0
2号	86	测点1	12.11
3号	124	测点1	21.11
4号	44	测点5	5.17
5号	0	测点1~6	0
6号	6	测点5	0.67
7号	5	测点1	0.42
8号	6	测点3	0.89

(2)钢架应力

对3个试验断面进行综合分析,得到钢架应力包络图,如图3-17所示,其中,"+"表示受拉,"-"表示受压。监测数据表明,V级土质隧道应用"网喷+系统锚杆+格栅钢架"初期支护组合形式时,钢架内外侧应力分布均表现为一定的随机性,但普遍表现为受压,压应力最大值为294.36MPa,位于右拱腰内侧位置,相比于钢架主筋材料的极限压应力400MPa,局部位置钢筋主筋对其材料性能应用较明显,从应力角度得到钢架最小安全系数是1.36,仍具有一定的安全储备。

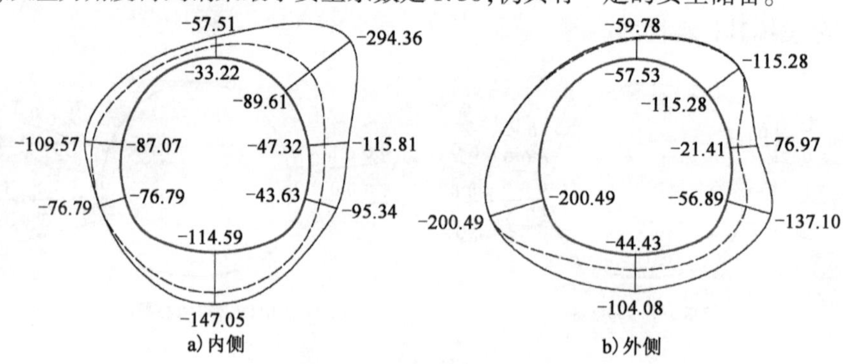

图 3-17 原设计支护组合形式钢架应力包络图(单位:MPa)

(3)喷射混凝土应力

对3个试验断面进行综合分析,得到喷射混凝土应力包络图,如图3-18所示,其中,“+”表示受拉,“-”表示受压。监测数据表明,V级土质隧道应用“网喷+系统锚杆+格栅钢架”初期支护组合形式时,喷射混凝土内外侧应力分布均表现为一定的随机性,但普遍表现为受压,压应力最大值为30.54MPa,位于右拱腰外侧位置,另一较大压应力为29.07MPa,位于仰拱中部位置,相比于喷射混凝土材料的极限抗压强度,局部位置喷射混凝土对其材料性能应用过荷,但结合钢架受力,支护结构仍在安全范围内。

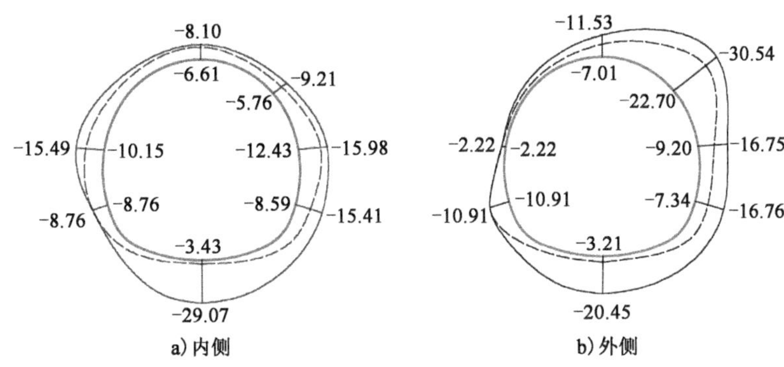

图3-18 原设计支护组合形式喷射混凝土应力包络图(单位:MPa)

(4)围岩压力

综合3个试验断面围岩压力,得到平均围岩压力断面分布图,如图3-19所示。监测数据表明,V级土质隧道应用“网喷+系统锚杆+格栅钢架”初期支护组合形式时,最大平均围岩压力为324.87kPa,位于左墙脚位置。根据《铁路隧道设计规范》(TB 10003—2016)坍落荷载作用下的围岩压力计算方法,试验断面围岩垂直压力计算值为215.52kPa,对比监测值和计算值可知,试验断面围岩压力监测值大于坍落荷载作用下的围岩压力计算值。

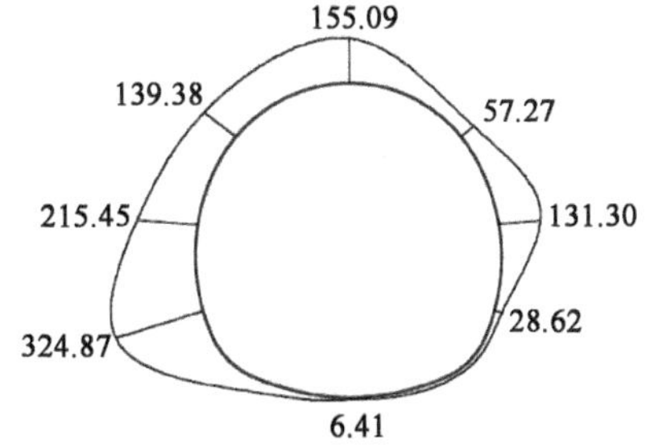

图3-19 原设计支护组合形式围岩压力分布图(单位:kPa)

(5)拱顶沉降和水平收敛

试验段监测的隧道拱顶沉降和水平收敛量测结果见表3-14。监测数据表明,V级土质隧道应用“网喷+系统锚杆+格栅钢架+二次衬砌”支护组合形式时,隧道拱顶沉降和水平收敛最终收敛值均小于限值,且周边围岩均向隧道净空侧变形。

原设计支护组合形式拱顶沉降和水平收敛　　表 3-14

量测类型	监测点	最终收敛值(mm)
拱顶沉降	GD01	14.10
水平收敛	SL01	3.80
	SL02	10.38

3)优化设计数据分析

Ⅴ级土质隧道优化设计支护组合形式试验段选取的监测断面为 DK357 + 250、DK357 + 245、DK357 + 240,监测数据均已趋于稳定,并以稳定时监测数据终值作为分析内容,对试验段的钢架应力、喷射混凝土应力、围岩压力、拱顶沉降和水平收敛进行分析如下:

(1)钢架应力

对 3 个试验断面进行综合分析,得到钢架应力包络图,如图 3-20 所示,其中"+"表示受拉,"-"表示受压。监测数据表明,Ⅴ级土质隧道应用"网喷 + 格栅钢架"初期支护组合形式时,钢架内外侧应力分布均表现为一定的随机性,但普遍表现为受压,压应力最大值为 242.40MPa,位于右拱腰内侧位置,相比于钢架主筋材料的极限压应力 400MPa,钢筋主筋均对其材料性能应用较明显,从应力角度得到钢架最小安全系数是 1.65,具有一定的安全储备。

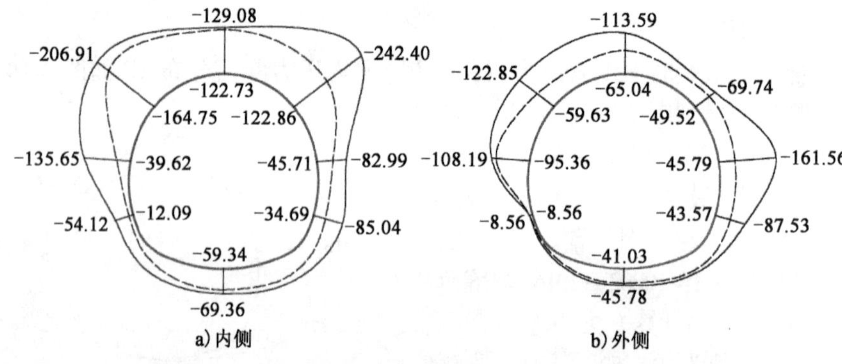

图 3-20　优化设计支护组合形式钢架应力包络图(单位:MPa)

(2)喷射混凝土应力

对 3 个试验断面进行综合分析,得到喷射混凝土应力包络图,如图 3-21 所示,其中"+"表示受拉,"-"表示受压。监测数据表明,Ⅴ级土质隧道应用"网喷 + 格栅钢架"初期支护组合形式时,喷射混凝土内外侧应力分布均表现为一定的随机性,但普遍表现为受压,压应力最大值为 47.34MPa,位于左拱腰内侧位置,另一较大压应力为26.97MPa,位于右拱腰内侧位置,相比于喷射混凝土材料的极限抗压强度,局部位置喷射混凝土对其材料性能应用过荷,但结合钢架受力,支护结构仍在安全范围内。

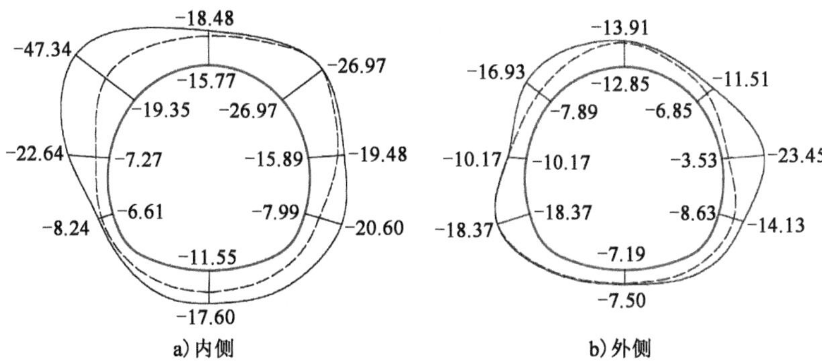

图3-21 优化设计支护组合形式喷射混凝土应力包络图(单位:MPa)

(3)围岩压力

综合3个试验断面围岩压力得到平均围岩压力断面分布图,如图3-22所示。监测数据表明,V级土质隧道应用"网喷+格栅钢架"初期支护组合形式时,最大平均围岩压力为298.48kPa,位于左拱腰位置。根据《铁路隧道设计规范》(TB 10003—2016)坍落荷载作用下的围岩压力计算方法,试验断面围岩垂直压力计算值为215.52kPa,对比监测值和计算值可知,试验断面围岩压力监测值大于坍落荷载作用下的围岩压力计算值。

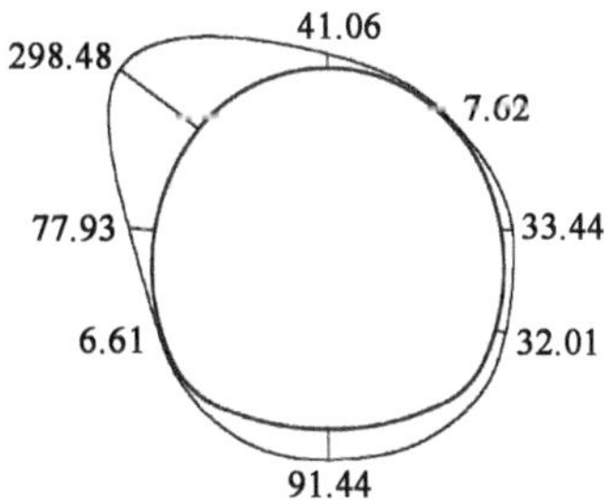

图3-22 优化设计支护组合形式围岩压力分布图(单位:kPa)

(4)拱顶沉降和水平收敛

试验段监测的隧道拱顶沉降和水平收敛量测结果见表3-15。监测数据表明,V级土质隧道应用"网喷+格栅钢架"初期支护组合形式时,隧道拱顶沉降和水平收敛最终收敛值均小于限值,且周边围岩均向隧道净空侧变形。

优化设计支护组合形式拱顶沉降和水平收敛　表3-15

量测类型	监测点	最终收敛值(mm)
拱顶沉降	GD01	18.80
水平收敛	SL01	9.59
	SL02	12.07

4)小结

根据采用"网喷+格栅钢架"初期支护组合形式的Ⅴ级土质隧道数据分析可知,锚杆可对隧道周边围岩存在的破碎部分(几何不稳定体)起到一定的支护作用,但并未呈现明显的塌落拱式受力形态,且大部分锚杆轴力很小,但存在个别测点锚杆轴力较大,是因为围岩局部松弛荷载产生的拉力,但锚杆仍未充分发挥其材料性能;钢架和喷射混凝土受力普遍表现为受压,存在局部位置钢架和喷射混凝土对其材料性能应用较明显,甚至存在喷射混凝土对其材料性能应用过荷,但结合钢架受力,支护结构仍处于安全范围,但大部分位置钢架和喷射混凝土未充分发挥其材料性能;隧道围岩压力普遍大于塌落拱式受力形态下的围岩压力;结合隧道的位移监测,隧道周边围岩均向隧道净空侧变形,与钢架和喷射混凝土普遍受压的受力模式相符。因此,隧道支护主要承受周边围岩的形变压力,在支护设计方面应注重支护结构的压剪破坏。

综合分析处于裸洞能够自稳埋深范围的Ⅴ级土质隧道原设计和优化设计试验结果,应用原设计"网喷+系统锚杆+格栅钢架"初期支护组合形式时,隧道变形小于限值,隧道锚杆、钢架、喷射混凝土受力局部位置受力偏大但存在突变性,而大部分位置受力较小,未充分发挥其材料性能,因此"网喷+系统锚杆+格栅钢架"初期支护组合形式过于保守,尚未充分发挥各支护构件的支护效果,产生不必要的工程浪费,有效性差。应用优化设计"网喷+格栅钢架"初期支护组合形式时,隧道变形、钢架受力、喷射混凝土受力较原设计变化不大,且"网喷+格栅钢架"支护组合形式仍可满足支护要求,有效性得到提高,因此"网喷+格栅钢架"初期支护组合形式是合理可行的。同时,支护结构受力受支护时机和围岩应力释放的影响,在开挖过程中适当地释放围岩压力,将会大大减小支护结构的受力,经济性和安全性均可得到进一步提高。

3.3 岩质隧道初期支护有效性研究

3.3.1 "局部锚杆"初期支护组合形式

1)工况概述

Ⅱ级岩质隧道试验段里程为DK792+200~DK792+360,隧道埋深414~463m,掌子面围岩主要是二长石花岗岩,浅灰白色,弱~微风化,细粒花岗结构,岩质硬,节理裂隙发育,岩体较完整。试验段局部拱脚、边墙围岩裂隙有渗水,水量很小。试验段隧道掌子面影像如图3-23所示。

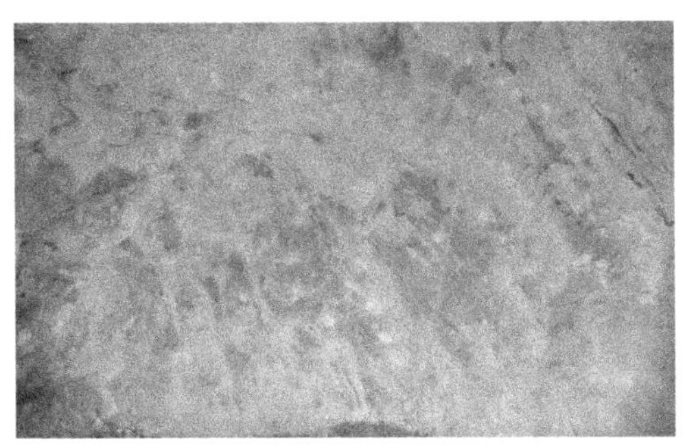

图 3-23 Ⅱ级岩质隧道试验段掌子面影像

2)优化设计数据分析

Ⅱ级岩质隧道优化设计初期支护组合形式试验段选取的监测断面为 DK792 + 340、DK792 + 348、DK792 + 355,监测数据均已趋于稳定,并以稳定时监测数据终值作为分析内容,对试验段的围岩压力、拱顶沉降和水平收敛进行分析如下。

(1)围岩压力

综合 3 个试验断面围岩压力得到平均围岩压力断面分布图如图 3-24 所示。监测数据表明,Ⅱ级岩质隧道应用“局部锚杆”支护组合形式时,隧道墙脚及仰拱处围岩压力不大,最大平均围岩压力仅有 14.33kPa,位于仰拱中部位置。根据《铁路隧道设计规范》(TB 10003—2016)坍落荷载作用下的围岩压力计算方法,试验断面围岩垂直压力计算值为 36.41kPa,对比监测值和计算值可知,试验断面围岩压力监测值小于坍落荷载作用下的围岩压力计算值。

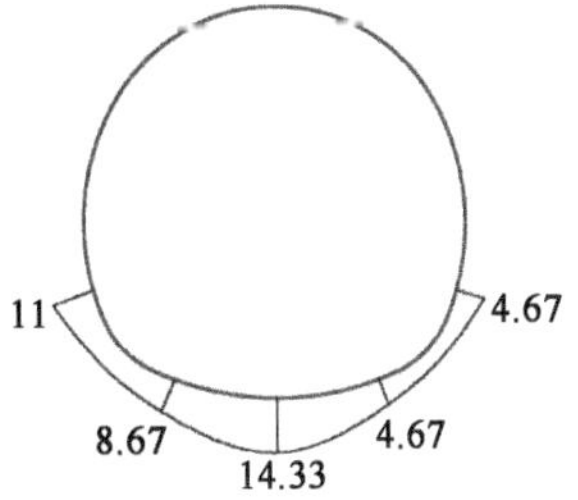

图 3-24 “局部锚杆”初期支护组合形式围岩压力分布图(单位:kPa)

(2)拱顶沉降和水平收敛

试验段监测的隧道拱顶沉降和水平收敛量测结果见表 3-16。监测数据表明,Ⅱ级岩质隧道应用“局部锚杆”支护组合形式时,隧道拱顶沉降和水平收敛最终收敛值均小于限值,且周边围岩均向隧道净空侧变形。

优化设计支护组合形式拱顶沉降和水平收敛 表 3-16

量测类型	监测点	最终收敛值(mm)
拱顶沉降	GD01	2.96
水平收敛	SL01	3.43

3)小结

根据Ⅱ级岩质隧道数据分析可知,隧道围岩压力不大,普遍小于坍落拱式受力形态下的围岩压力;隧道周边围岩均向隧道净空侧变形。因此,隧道支护主要承受周边围岩的形变压力,在支护设计方面应注重支护结构的压剪破坏。

综合分析处于裸洞能够自稳埋深范围的Ⅱ级岩质隧道优化设计试验结果,应用优化设计“局部锚杆”支护组合形式时,隧道变形小于限值且围岩压力不大,因此“局部锚杆”支护组合形式是合理可行的。

3.3.2 “网喷+系统锚杆”初期支护组合形式

1)Ⅱ级岩质单线隧道

(1)工况概述

Ⅱ级岩质隧道试验段里程为DK1643+608~DK1643+618,隧道埋深176.93~178.69m,掌子面围岩为花岗闪长岩,灰白色,麻灰色,弱风化,节理裂隙若发育,岩体完整,岩质较硬。地下水主要为基岩裂隙水,弱发育。试验段局部拱脚、边墙围岩裂隙有渗水,水量很小。试验段隧道掌子面影像如图3-25所示。

图3-25 Ⅲ级岩质隧道试验段掌子面影像

(2)优化设计数据分析

Ⅱ级岩质隧道优化设计支护组合形式试验段选取的监测断面为DK1643+613,监测数据均已趋于稳定,并以稳定时监测数据终值作为分析内容,对试验段的锚杆轴力、喷射混凝土应力、围岩压力、拱顶沉降和水平收敛进行分析如下。

①锚杆轴力。

监测断面锚杆轴力分布图如图3-26所示,受力综合分析见表3-17。监测数据表明,Ⅲ级岩质隧道应用“网喷+拱部锚杆”支护组合形式时,试验段锚杆轴力分布表现为随机性,轴力数值存在突变性与不连续性,所以锚杆的支护效果是区域性的，可对隧道周边围岩存在的破碎部分(几何不稳定体)起到一定的支护作用；而从锚杆轴力整体分布来看，并未呈现明显的塌落拱式受力形态，因此对于隧道来说存在塌落拱荷载是不合理的；但锚杆轴力普遍不大，轴力最大值为71kN，位于3号锚杆测点6位置，相比于锚杆材料的极限抗拉力197.6kN，锚杆均未充分发挥其材料性能。

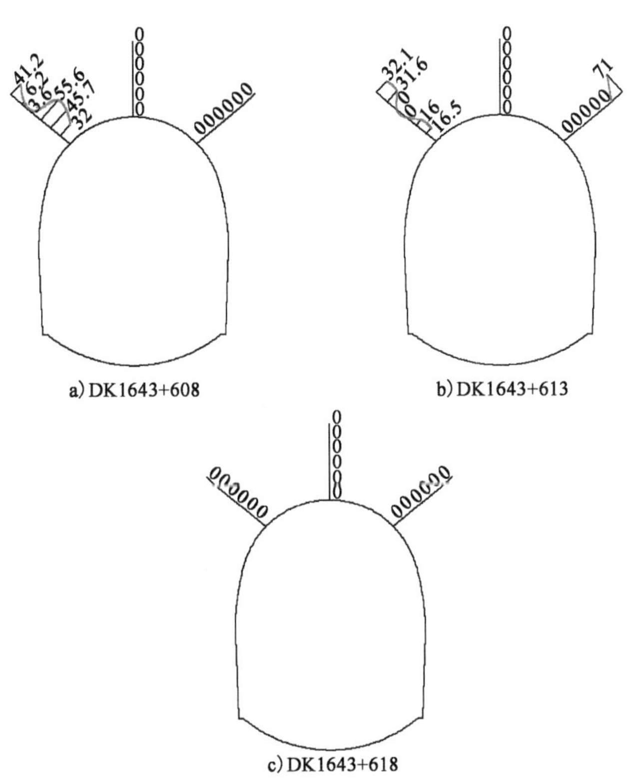

图3-26 锚杆轴力分布图(单位：kN)

优化设计支护组合形式锚杆受力综合分析表 表3-17

锚杆编号	轴力最大值(kN)	对应测点	轴力平均值(kN)
1号	0	测点1~6	0
2号	55.6	测点3	15.59
3号	71	测点6	3.94

②喷射混凝土应力。

监测断面喷射混凝土应力分布图如图3-27所示，其中，“+”表示受拉，“-”表示受压。监测数据表明，Ⅲ级岩质隧道应用“网喷+拱部锚杆”初期支护组合形式时,喷射混凝土内外侧应力分布均表现为一定的随机性,但普遍表现为受压,压应力最大值为3.76MPa,位于右拱腰内侧位置,相比于喷射混凝土材料的极限抗压强度,喷射混凝土均未充分发挥其材料性能,具有一定的安全储备。

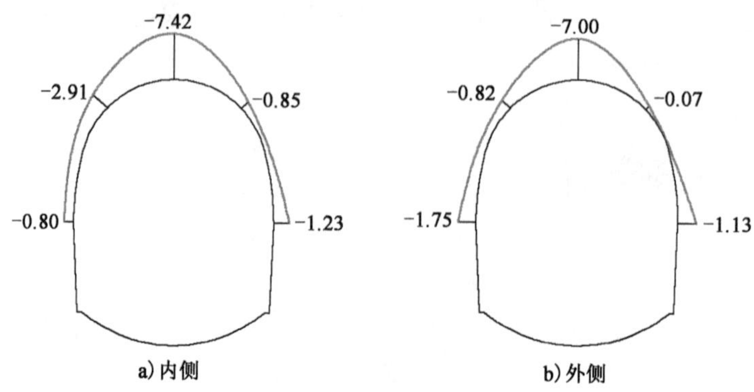

图3-27 "网喷+系统锚杆"组合形式喷射混凝土应力分布图(单位:MPa)

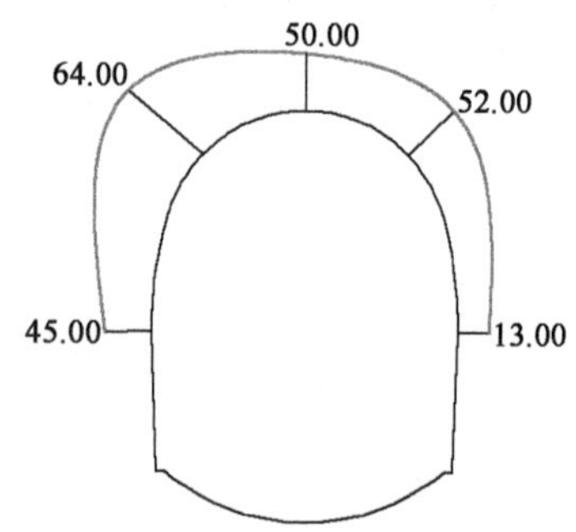

图3-28 "网喷+系统锚杆"组合形式围岩压力分布图(单位:kPa)

③围岩压力。

围岩压力断面分布图如图3-28所示。监测数据表明,Ⅲ级岩质隧道应用"网喷+拱部锚杆+格栅钢架"初期支护组合形式时,隧道围岩压力不大,最大围岩压力仅有32kPa,位于仰拱中部位置。根据《铁路隧道设计规范》(TB 10003—2016)坍落荷载作用下的围岩压力计算方法,试验断面围岩垂直压力计算值为67.91kPa,对比监测值和计算值可知,试验断面围岩压力监测值小于坍落荷载作用下的围岩压力计算值。

④拱顶沉降和水平收敛。

试验段监测的隧道拱顶沉降和水平收敛量测结果见表3-18。监测数据表明,Ⅲ级岩质隧道应用"网喷+拱部锚杆"支护组合形式时,隧道拱顶沉降和水平收敛最终收敛值均小于限值,且周边围岩均向隧道净空侧变形。

优化设计支护组合形式拱顶沉降和水平收敛 表3-18

量测类型	监测点	最终收敛值(mm)
拱顶沉降	GD01	2.21
水平收敛	SL01	2.35

(3)小结

根据优化方案1的Ⅲ级岩质隧道数据分析可知,锚杆可对隧道周边围岩存在的破碎部分(几何不稳定体)起到一定的支护作用,但并未呈现明显的坍落拱式受力形态,且锚杆轴力普遍不大,均未充分发挥其材料性能;钢架和喷射混凝土受力普遍表现为受压,均未充分发挥其材料性能;隧道围岩压力不大,普遍小于坍落拱式受力形态下的围岩压力;结合隧道的位移监测,隧道周边围岩均向隧道净空侧变形,与喷射混凝土普遍受压的受力模式相符。因此,隧道支护主要承受周边围岩的形变压力,在支护设计方面应注重支护结构的压剪破坏。

2)Ⅲ级岩质单线隧道

(1)工况概述

优化方案1的Ⅱ级岩质隧道试验段里程为DK1587+192~DK1587+203,隧试验段埋深75m,工况2试验段埋深407m。掌子面围岩为灰黑色薄层板岩,节理裂隙较发育,岩体较完整,锤击声较响,回弹明显。稳定性较好,掌子面整体潮湿,未见明显地下水出露。试验段隧道掌子面影像如图3-29所示。

图3-29　Ⅲ级岩质隧道试验段掌子面影像

(2)优化设计数据分析

Ⅱ级岩质隧道优化设计支护组合形式试验段选取的监测断面为DK1587+197,监测数据均已趋于稳定,并以稳定时监测数据终值作为分析内容,对试验段的锚杆轴力、喷射混凝土应力、围岩压力、拱顶沉降和水平收敛进行分析如下。

①锚杆轴力。

监测断面锚杆轴力分布如图3-30所示,受力综合分析见表3-19。监测数据表明,Ⅲ级岩质隧道应用"网喷+拱部锚杆+格栅钢架"支护组合形式时,试验段锚杆轴力分布表现为随机性,轴力数值存在突变性与不连续性,所以锚杆的支护效果是区域性的,可对隧道周边围岩存在的破碎部分(几何不稳定体)起到一定的支护作用;而从锚杆轴力整体分布来看,并未呈现明显的坍落拱式受力形态,因此对于隧道来说存在坍落拱荷载是不合理的;但锚杆轴力普遍不大,轴力最大值为46kN,位于3号锚杆测点3位置,相比于锚杆材料的极限抗拉力197.6kN,锚杆均未充分发挥其材料性能。

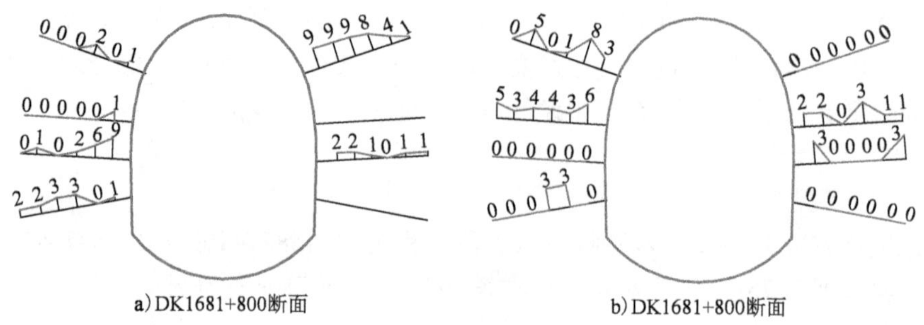

a)DK1681+800断面　　b)DK1681+800断面

图3-30 "网喷+系统锚杆"组合形式锚杆轴力分布图(单位:kN)

优化设计支护组合形式锚杆受力综合分析表　　表3-19

锚杆编号	轴力最大值(kN)	对应测点	平均值
1号	8	测点2	1.67
2号	9	测点1~3	3.33
3号	6	测点1	2.17
4号	3	测点4	1.50
5号	9	测点1	1.50
6号	3	测点1、6	1.08
7号	3	测点2~4	1.42
8号	0	测点1~6	0.00

②喷射混凝土应力。

监测断面喷射混凝土应力分布如图3-31所示,其中,"+"表示受拉,"-"表示受压。监测数据表明,Ⅲ级岩质隧道应用"网喷+拱部锚杆+格栅钢架"支护组合形式时,喷射混凝土内外侧应力分布均表现为一定的随机性,但普遍表现为受压,压应力最大值为3.76MPa,位于右拱腰内侧位置,相比于喷射混凝土材料的极限抗压强度,喷射混凝土均未充分发挥其材料性能,具有一定的安全储备。

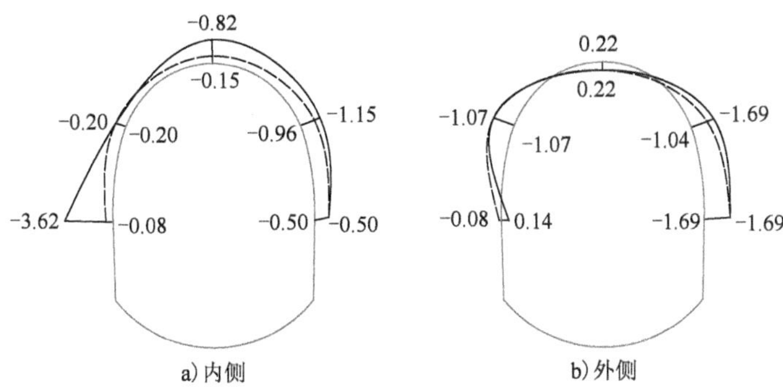

图3-31 “网喷+系统锚杆”组合形式喷射混凝土应力分布图（单位：MPa）

③拱顶沉降和水平收敛。

试验段监测的隧道拱顶沉降和水平收敛量测结果见表3-20。监测数据表明，Ⅲ级岩质隧道应用“网喷+拱部锚杆+格栅钢架”支护组合形式时，隧道拱顶沉降和水平收敛最终收敛值均小于限值，且周边围岩均向隧道净空侧变形。

优化设计支护组合形式拱顶沉降和水平收敛 表3-20

量测类型	监测点	最终收敛值（mm）
拱顶沉降	GD01	5.63
水平收敛	SL01	8.25

（3）小结

根据优化方案1的Ⅲ级岩质隧道数据分析可知，锚杆可对隧道周边围岩存在的破碎部分（几何不稳定体）起到一定的支护作用，但并未呈现明显的坍落拱式受力形态，且锚杆轴力普遍不大，均未充分发挥其材料性能；钢架和喷射混凝土受力普遍表现为受压，均未充分发挥其材料性能；隧道围岩压力不大，普遍小于坍落拱式受力形态下的围岩压力；结合隧道的位移监测，隧道周边围岩均向隧道净空侧变形，与喷射混凝土普遍受压的受力模式相符。因此，隧道支护主要承受周边围岩的形变压力，在支护设计方面应注重支护结构的压剪破坏。

3）Ⅱ级岩质双线隧道

（1）工况概述

Ⅱ级岩质隧道试验段里程为DK1681+790~DK1681+820，隧道埋深167~169m，掌子面围岩主要是花岗岩，青灰色，弱风化，中粗粒结构，块状构造，岩质坚硬，裂隙发育，岩体较局部破碎，局部有少量岩脉侵入。掌子面拱顶局部围岩裂隙有渗水，水量很小。试验段隧道掌子面影像如图3-32所示。

图3-32 Ⅱ级岩质隧道试验段掌子面影像

(2)优化设计数据分析

Ⅱ级岩质隧道原设计支护组合形式试验段选取的监测断面为DK1681 + 800、DK1681 + 805、DK1681 + 810,监测数据均已趋于稳定,并以稳定时监测数据终值作为分析内容,对试验段的锚杆轴力、喷射混凝土应力进行如下分析。

①锚杆轴力。

各断面锚杆轴力分布图如(图3-33)所示,受力综合分析见表3-21。监测数据表明,Ⅱ级岩质隧道应用“喷射混凝土 + 系统锚杆”支护组合形式时,试验段锚杆轴力分布表现为随机性,轴力数值存在突变性与不连续性,所以锚杆的支护效果是区域性的,可对隧道周边围岩存在的破碎部分(几何不稳定体)起到一定的支护作用;而从锚杆轴力整体分布来看,并未呈现明显的坍落拱式受力形态,因此对于隧道来说存在坍落拱荷载是不合理的;但锚杆轴力普遍不大,轴力最大值为53kN,位于8号锚杆测点4位置,相比于锚杆材料的极限抗拉力197.6kN,锚杆均未充分发挥其材料性能。

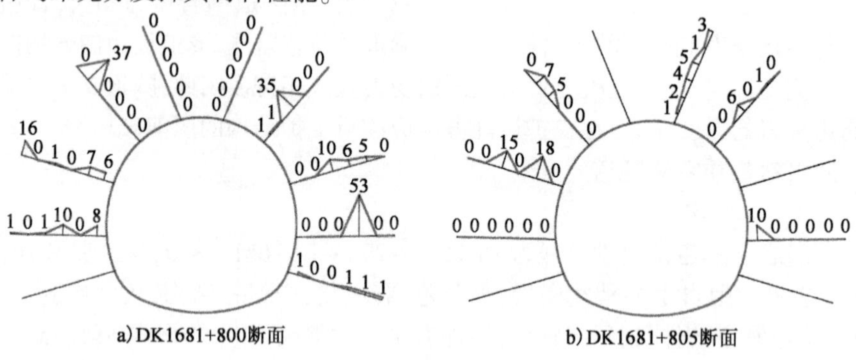

a) DK1681+800断面

b) DK1681+805断面

图 3-33

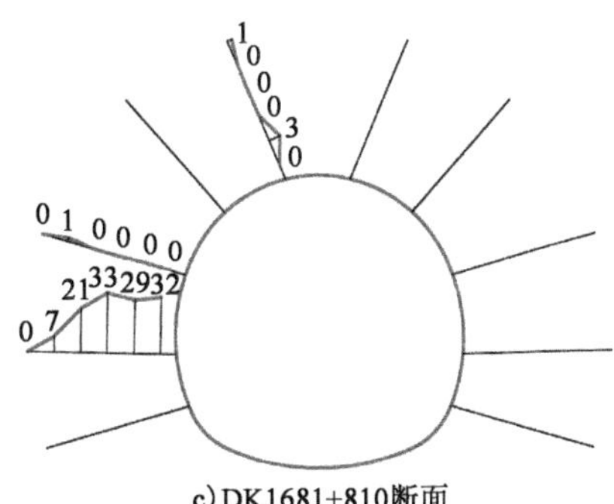

c)DK1681+810断面

图 3-33 "网喷 + 系统锚杆"组合形式锚杆轴力分布图(单位:kN)

"网喷 + 系统锚杆"组合形式锚杆受力综合分析表 表 3-21

锚 杆 编 号	轴力最大值(kN)	对 应 测 点	轴力平均值(kN)
1 号	3	测点 2	0.17
2 号	5	测点 4	1.33
3 号	37	测点 5	4.08
4 号	35	测点 3	3.67
5 号	16	测点 6	2.56
6 号	10	测点 3	3.50
7 号	33	测点 3	7.89
8 号	53	测点 4	5.25
9 号	—	—	—
10 号	1	测点 4	0.67

②喷射混凝土应力。

对 3 个试验断面进行综合分析,得到喷射混凝土应力包络图如图 3-34 所示,其中" + "表示受拉," - "表示受压。监测数据表明,Ⅱ级岩质隧道应用"喷射混凝土 + 顶部锚杆 + 二次衬砌"支护组合形式时,喷射混凝土内外侧应力分布均表现为一定的随机性,但普遍表现为受压,压应力最大值为 4.11MPa,位于右墙脚内侧位置,相比于喷射混凝土材料的极限抗压强度,喷射混凝土均未充分发挥其材料性能,具有一定的安全储备。

(3)小结

根据采用"网喷 + 系统锚杆"初期支护组合形式的Ⅱ级岩质隧道数据分析可知,锚杆可对隧道周边围岩存在的破碎部分(几何不稳定体)起到一定的支护作用,但并未呈现明显的塌落拱式受力形态,且锚杆轴力普遍不大,均未充分发挥其材料性能;喷射混凝土受力普遍表现为受压,未充分发挥其材料性能。因此,隧道支护主要承受周边围岩的形变压力，在支护设计方面应注重支护结构的压剪破坏。

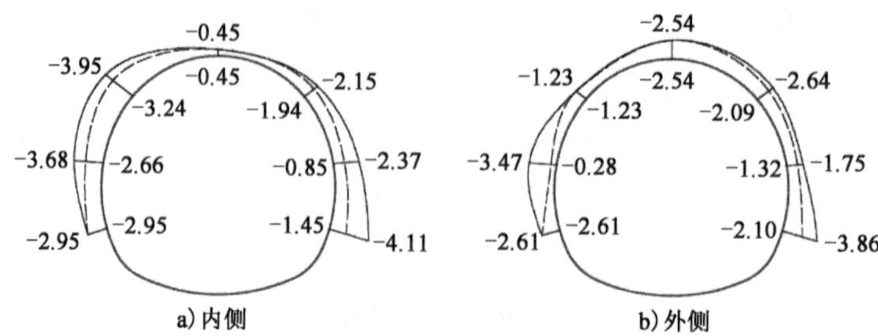

图 3-34 “网喷 + 系统锚杆”组合形式喷射混凝土应力包络图(单位：MPa)

4) Ⅲ级岩质隧道

(1) 工况概述

Ⅲ级岩质隧道试验段里程为 DK1681 + 530 ~ DK1681 + 590、DK1681 + 690 ~ DK1681 + 750，隧道埋深 72 ~ 109m，掌子面围岩主要是花岗岩，青灰色，弱风化，岩质坚硬，岩体局部破碎。掌子面拱顶局部围岩裂隙有渗水，水量很小。试验段隧道掌子面影像如图 3-35 所示。

图 3-35 Ⅲ级岩质隧道试验段掌子面影像

(2) 原设计与对比设计数据分析

Ⅲ级岩质隧道原设计支护组合形式试验段选取的监测断面为 DK1681 + 535、DK1681 + 575、DK1681 + 587，对比设计支护组合形式试验段选取的监测断面为 DK1681 + 722、DK1681 + 727、DK1681 + 732，监测数据均已趋于稳定，并以稳定时监测数据终值作为分析内容，对试验段的锚杆轴力、喷射混凝土应力、拱顶沉降和水平收敛进行如下分析。

①锚杆轴力。

原设计监测断面 DK1681 + 575 测试锚杆均损坏，其余各断面锚杆轴力分布图如图 3-36 所示，受力综合分析见表 3-22；对比设计各断面锚杆轴力分布图如

图3-37所示，受力综合分析见表3-23。监测数据表明，Ⅲ级岩质隧道应用“网喷+系统锚杆”支护组合形式时，试验段锚杆轴力分布表现为随机性，轴力数值存在突变性与不连续性，所以锚杆的支护效果是区域性的，可对隧道周边围岩存在的破碎部分（几何不稳定体）起到一定的支护作用；而从锚杆轴力整体分布来看，并未呈现明显的坍落拱式受力形态，因此对于隧道来说存在坍落拱荷载是不合理的；但锚杆轴力普遍不大，轴力最大值为56kN，位于2号锚杆测点5位置，相比于锚杆材料的极限抗拉力197.6kN，锚杆均未充分发挥其材料性能。

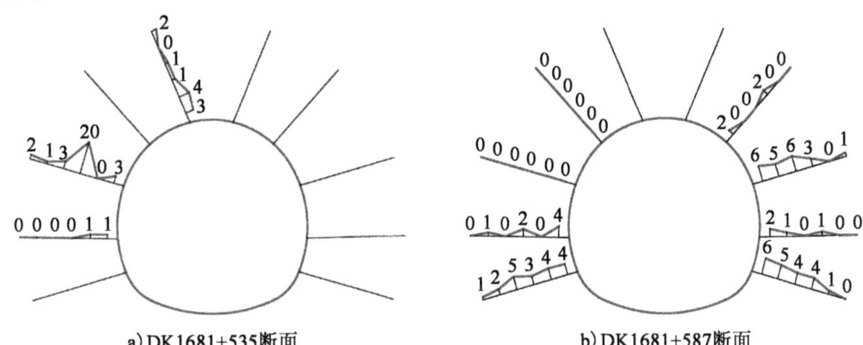

a) DK1681+535断面　　b) DK1681+587断面

图3-36　原设计支护组合形式锚杆轴力分布图（单位：kN）

原设计支护组合形式锚杆受力综合分析表　　表3-22

锚杆编号	轴力最大值(kN)	对应测点	轴力平均值(kN)
1号	4	测点2	1.83
2号	—	—	—
3号	0	测点1~6	0
4号	2	测点1、4	0.67
5号	20	测点3	2.42
6号	6	测点1、3	3.5
7号	4	测点1	0.75
8号	2	测点1	0.67
9号	5	测点4	3.17
10号	6	测点1	3.33

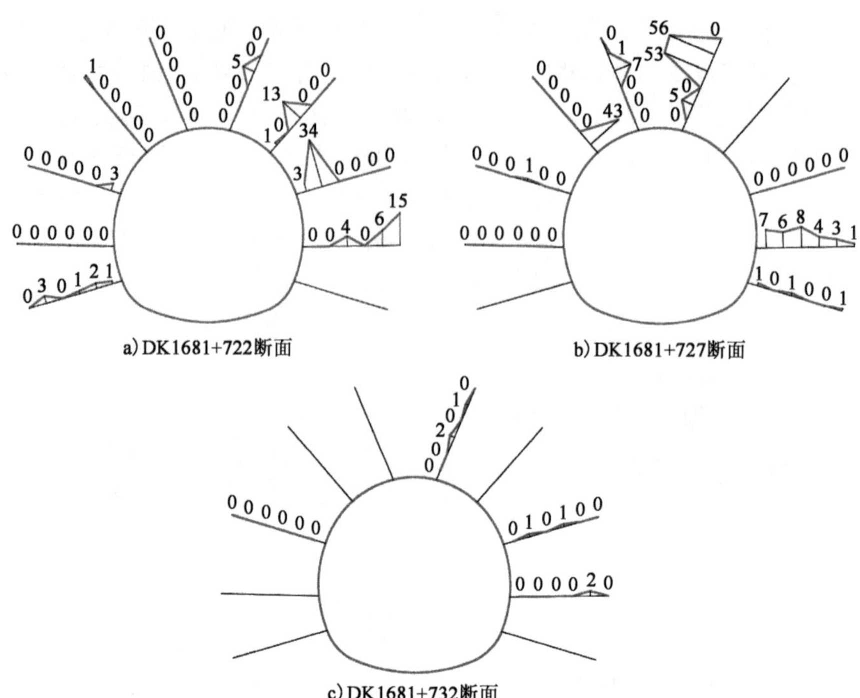

图3-37 对比设计支护组合形式锚杆轴力分布图(单位:kN)

对比设计支护组合形式锚杆受力综合分析表 表3-23

锚杆编号	轴力最大值(kN)	对应测点	轴力平均值(kN)
1号	7	测点4	0.67
2号	56	测点5	6.78
3号	43	测点1	3.67
4号	13	测点3	2.33
5号	3	测点1	0.22
6号	34	测点2	2.17
7号	0	测点1~6	0
8号	15	测点6	3.11
9号	3	测点5	1.17
10号	1	测点1、3、6	0.50

②喷射混凝土应力。

对6个试验断面进行综合分析,得到喷射混凝土应力包络图,如图3-38所示,其中,"+"表示受拉,"-"表示受压。监测数据表明,Ⅲ级岩质隧道应用"网喷+系统锚杆"支护组合形式时,喷射混凝土内外侧应力分布均表现为一定的

随机性，但普遍表现为受压，压应力最大值为6.55MPa，位于左拱腰外侧位置，相比于喷射混凝土材料的极限抗压强度，喷射混凝土均未充分发挥其材料性能，具有一定的安全储备。

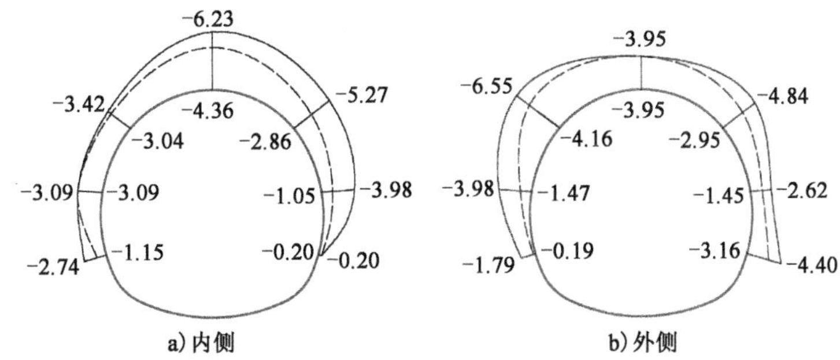

图 3-38　原设计支护组合形式喷射混凝土应力包络图（单位：MPa）

③拱顶沉降和水平收敛。

试验段监测的隧道拱顶沉降和水平收敛量测结果见表3-24。监测数据表明，Ⅲ级岩质隧道应用“网喷＋系统锚杆＋二次衬砌”支护组合形式时，隧道拱顶沉降和水平收敛最终收敛值均小于限值，且周边围岩均向隧道净空侧变形。

原设计和对比设计支护组合形式拱顶沉降和水平收敛　　表3-24

量测类型	监测点	最终收敛值(mm)	
		原设计	对比设计
拱顶沉降	GD01	3.44	4.31
水平收敛	SL01	2.68	3.87

(3)小结

根据采用“网喷＋系统锚杆”的Ⅲ级岩质隧道数据分析可知，锚杆可对隧道周边围岩存在的破碎部分（几何不稳定体）起到一定的支护作用，但并未呈现明显的坍落拱式受力形态，且锚杆轴力普遍不大，均未充分发挥其材料性能；喷射混凝土受力普遍表现为受压，未充分发挥其材料性能；结合隧道的位移监测，隧道周边围岩均向隧道净空侧变形，与喷射混凝土普遍受压的受力模式相符。因此，隧道支护主要承受周边围岩的形变压力，在支护设计方面应注重支护结构的压剪破坏。

综合分析处于裸洞能够自稳埋深范围的Ⅲ级岩质隧道原设计和对比设计试验结果，应用原设计与对比设计的“网喷＋系统锚杆”支护组合形式时，隧道变形小于限值，隧道锚杆、喷射混凝土受力均很小，未充分利用其材料强度，因此“网喷＋系统锚杆”支护组合形式过于保守，尚未充分发挥各支护构件的支护效果,产生不必要的工程浪费,有效性差。而对比设计的系统锚杆支护参数弱于原设计,但两者锚杆受力差异不大,故可以取消系统锚杆,因此仅采用“网喷”支护组合形式是合理可行的。同时,支护结构受力受支护时机和围岩应力释放的影响,在开挖过程中适当地释放围岩压力,将会大大减小支护结构的受力,经济性和安全性均可得到进一步提高。

3.3.3 “网喷+格栅钢架”初期支护组合形式

1)Ⅳ级岩质隧道

(1)工况概述

优化方案2的Ⅳ级岩质隧道试验段里程为DK1695+790~DK1695+850,隧道埋深55~61m,掌子面围岩主要为中风化花岗岩、花岗闪长岩。掌子面揭露呈黄褐色,岩体较破碎,节理裂隙较发育,裂缝密集且部分张开。毛开挖面能够自稳,偶有掉块现象。锤击声清脆,围岩强度高。地下水较丰富,掌子面渗水,水量较大。试验段隧道掌子面影像如图3-39所示。

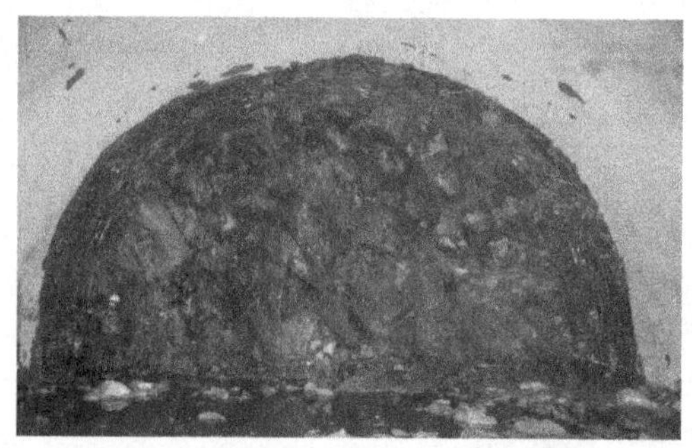

图3-39 Ⅳ级岩质隧道试验段掌子面影像

(2)原设计数据分析

Ⅳ级岩质隧道原设计支护组合形式试验段选取的监测断面为DK1695+822、DK1695+807、DK1695+802,监测数据均已趋于稳定,并以稳定时监测数据终值作为分析内容,对试验段的锚杆轴力、钢架应力、喷射混凝土应力、围岩压力、拱顶沉降和水平收敛进行如下分析。

①锚杆轴力。

监测断面DK1695+822测试锚杆均损坏,其余各断面锚杆轴力分布图如图3-40所示,受力综合分析见表3-25。监测数据表明,Ⅳ级岩质隧道应用“网喷+系统锚杆+格栅钢架+二次衬砌”支护组合形式时,试验段锚杆轴力分布表现为随机性,轴力数值存在突变性与不连续性,所以锚杆的支护效果是区域性

的,可对隧道周边围岩存在的破碎部分(几何不稳定体)起到一定的支护作用;而从锚杆轴力整体分布来看,并未呈现明显的坍落拱式受力形态,因此对于隧道来说存在坍落拱荷载是不合理的;但锚杆轴力普遍不大,轴力最大值仅为25kN,位于3号锚杆测点4位置,相比于锚杆材料的极限抗拉力197.6kN,锚杆均未充分发挥其材料性能。

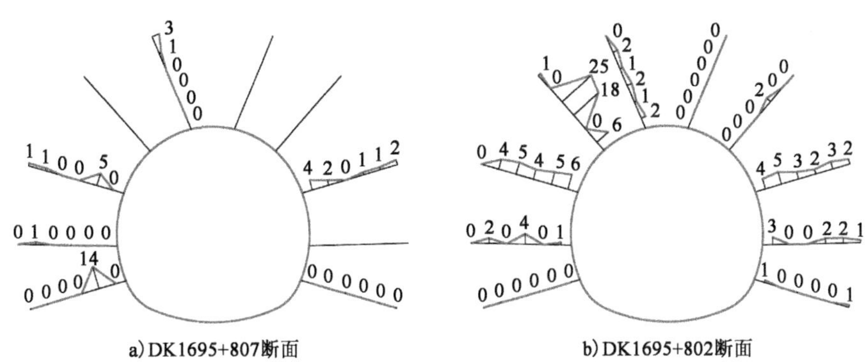

图3-40 原设计支护组合形式锚杆轴力分布图(单位:kN)

原设计支护组合形式锚杆受力综合分析表 表3-25

锚杆编号	轴力最大值(kN)	对应测点	轴力平均值(kN)
1号	3	测点6	1.00
2号	0	测点1~6	0
3号	25	测点4	8.33
4号	2	测点4	0.33
5号	6	测点1	2.58
6号	5	测点2	2.42
7号	4	测点3	0.67
8号	3	测点1	1.33
9号	14	测点2	1.17
10号	1	测点1、6	0.17

②钢架应力。

对3个试验断面进行综合分析,得到钢架应力包络图,如图3-41所示,其中,“+”表示受拉,“-”表示受压。监测数据表明,Ⅳ级岩质隧道应用“网喷+系统锚杆+格栅钢架”支护组合形式时,钢架内外侧应力分布均表现为一定的随机性,但普遍表现为受压,压应力最大值为62.98MPa,位于拱顶外侧位置,相比于钢架主筋材料的极限压应力400MPa,钢筋主筋均未充分发挥其材料性能,从应力角度得到钢架最小安全系数是6.35,具有一定的安全储备。

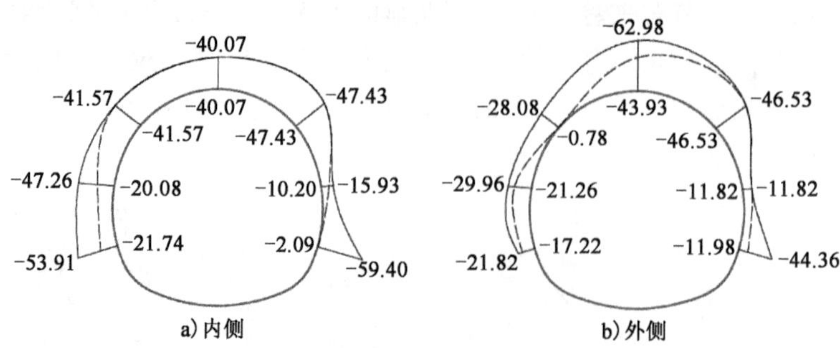

图3-41　原设计支护组合形式钢架应力包络图(单位:MPa)

③喷射混凝土应力。

对3个试验断面进行综合分析,得到喷射混凝土应力包络图,如图3-42所示,其中,"+"表示受拉,"-"表示受压。监测数据表明,Ⅳ级岩质隧道应用"网喷+系统锚杆+格栅钢架"支护组合形式时,喷射混凝土内外侧应力分布均表现为一定的随机性,但普遍表现为受压,压应力最大值为16.13MPa,位于拱顶内侧位置,相比于喷射混凝土材料的极限抗压强度,喷射混凝土均未充分发挥其材料性能,具有一定的安全储备。

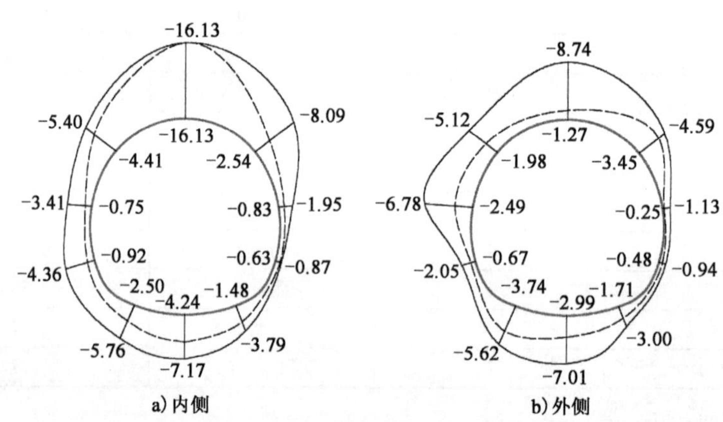

图3-42　原设计支护组合形式喷射混凝土应力包络图(单位:MPa)

④围岩压力。

围岩压力断面分布图如图3-43所示。监测数据表明,Ⅳ级岩质隧道应用"网喷+系统锚杆+格栅钢架"支护组合形式时,隧道围岩压力不大,最大围岩压力仅有105.90kPa,位于仰拱左部位置。根据《铁路隧道设计规范》

(TB 10003—2016)坍落荷载作用下的围岩压力计算方法,试验断面围岩垂直压力计算值为123.99kPa,对比监测值和计算值可知,试验断面围岩压力监测值小于坍落荷载作用下的围岩压力计算值。

⑤拱顶沉降和水平收敛。

试验段监测的隧道拱顶沉降和水平收敛量测结果见表3-26。监测数据表明,Ⅳ级岩质隧道应用“网喷+系统锚杆+格栅钢架+二次衬砌”支护组合形式时,隧道拱顶沉降和水平收敛最终收敛值均小于限值,且周边围岩均向隧道净空侧变形。

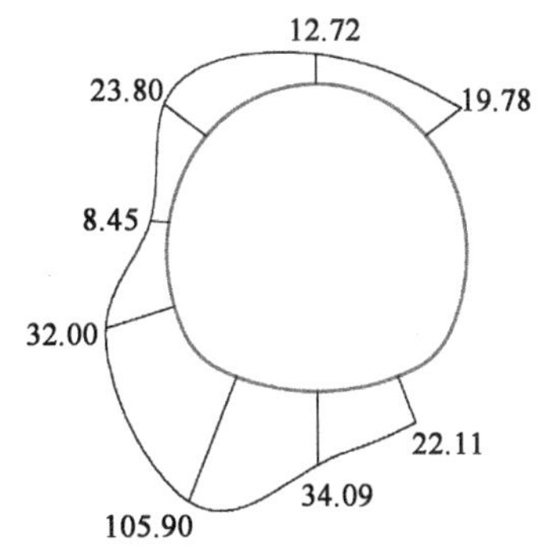

图3-43 原设计支护组合形式围岩压力分布图(单位:kPa)

原设计支护组合形式拱顶沉降和水平收敛 表3-26

量测类型	监测点	最终收敛值(mm)
拱顶沉降	GD01	6.60
水平收敛	SL01	4.56

(3)优化设计数据分析

Ⅳ级岩质隧道优化设计支护组合形式试验段选取的监测断面为DK1695+843、DK1695+841、DK1695+839,监测数据均已趋于稳定,并以稳定时监测数据终值作为分析内容,对试验段的钢架应力、喷射混凝土应力、围岩压力、拱顶沉降和水平收敛进行如下分析。

①钢架应力。

对3个试验断面进行综合分析,得到钢架应力包络图,如图3-44所示,其中,“+”表示受拉,“-”表示受压。监测数据表明,Ⅳ级岩质隧道应用“网喷+格栅钢架+二次衬砌”支护组合形式时,钢架内外侧应力分布均表现为一定的随机性,但普遍表现为受压,压应力最大值为200.12MPa,位于拱顶外侧位置,相比于钢架主筋材料的极限压应力400MPa,钢筋主筋均未充分发挥其材料性能,从应力角度得到钢架最小安全系数是2.00,具有一定的安全储备。

②喷射混凝土应力。

对3个试验断面进行综合分析,得到喷射混凝土应力包络图,如图3-45所示,其中,“+”表示受拉,“-”表示受压。监测数据表明,Ⅳ级岩质隧道应用“网喷+格栅钢架+二次衬砌”支护组合形式时,喷射混凝土内外侧应力分布均表现为一定的随机性，但普遍表现为受压，压应力最大值为22.36MPa，位于拱顶内侧位置，相比于喷射混凝土材料的极限抗压强度，局部位置喷射混凝土对其材料性能应用较明显，但仍具有一定的安全储备。

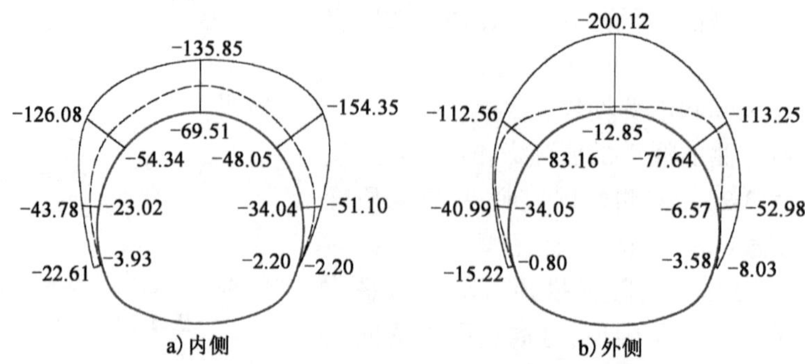

图3-44 “网喷＋格栅钢架”组合形式钢架应力包络图（单位：MPa）

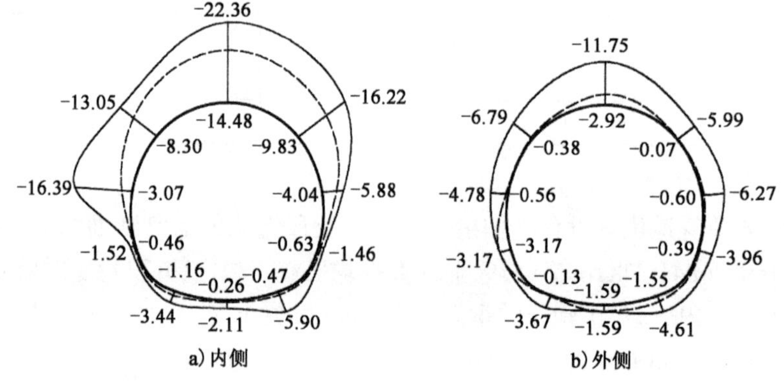

图3-45 “网喷＋格栅钢架”组合形式喷射混凝土应力包络图（单位：MPa）

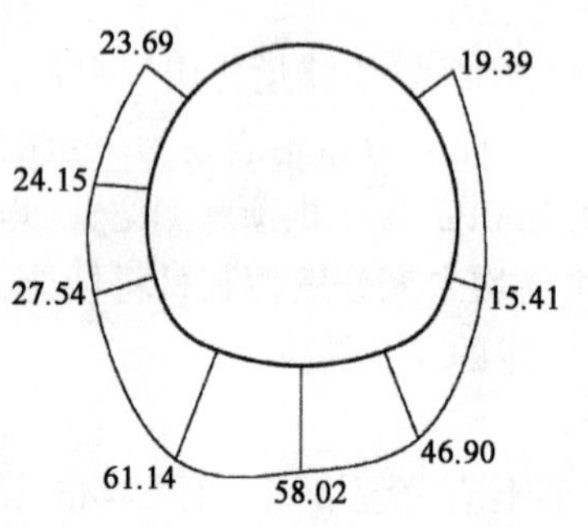

图3-46 “网喷＋格栅钢架”组合形式围岩压力分布图（单位：kPa）

③围岩压力。

围岩压力断面分布图如图3-46所示。监测数据表明，Ⅳ级岩质隧道应用“网喷＋格栅钢架＋二次衬砌”支护组合形式时，隧道围岩压力不大，最大围岩压力仅有61.14kPa，位于仰拱左部位置。根据《铁路隧道设计规范》（TB 10003—2016）坍落荷载作用下的围岩压力计算方法，试验断面围岩垂直压力计算值为123.99kPa，对比监测值和计算值可知，试验断面围岩压力监测值小于坍落荷载作用下的围岩压力计算值。

④拱顶沉降和水平收敛。

试验段监测的隧道拱顶沉降和水平收敛量测结果见表3-27。监测数据表明,Ⅳ级岩质隧道应用"网喷+格栅钢架+二次衬砌"支护组合形式时,隧道拱顶沉降和水平收敛最终收敛值均小于限值,且周边围岩均向隧道净空侧变形。

"网喷+格栅钢架"组合形式拱顶沉降和水平收敛　　表3-27

量测类型	监测点	最终收敛值(mm)
拱顶沉降	GD01	10.90
水平收敛	SL01	9.19

(4)小结

根据优化方案2的Ⅳ级岩质隧道数据分析可知,锚杆可对隧道周边围岩存在的破碎部分(几何不稳定体)起到一定的支护作用,但并未呈现明显的坍落拱式受力形态,且锚杆轴力普遍不大,均未充分发挥其材料性能;钢架和喷射混凝土受力普遍表现为受压,均未充分发挥其材料性能;隧道围岩压力不大,普遍小于坍落拱式受力形态下的围岩压力;结合隧道的位移监测,隧道周边围岩均向隧道净空侧变形,与钢架和喷射混凝土普遍受压的受力模式相符。因此,隧道支护主要承受周边围岩的形变压力,在支护设计方面应注重支护结构的压剪破坏。

综合分析处于裸洞能够自稳埋深范围的Ⅳ级岩质隧道原设计和优化设计试验结果,应用原设计"网喷+系统锚杆+格栅钢架"支护组合形式时,隧道变形小于限值,隧道锚杆、钢架、喷射混凝土受力均很小,未充分利用其材料强度,因此"网喷+系统锚杆+格栅钢架"支护组合形式过于保守,尚未充分发挥各支护构件的支护效果,产生不必要的工程浪费,有效性差。应用优化设计"网喷+格栅钢架"支护组合形式时,隧道变形相对于原设计有所增加,围岩对支护产生的作用力存在随机性,但仍处于较小水平,隧道钢架、喷射混凝土受力较原设计有所增加,但"网喷+格栅钢架"支护组合形式仍可满足支护要求,有效性得到提高,因此"网喷+格栅钢架"支护组合形式是合理可行的。同时,支护结构受力受支护时机和围岩应力释放的影响,在开挖过程中适当地释放围岩压力,将会大大减小支护结构的受力,经济性和安全性均可得到进一步提高。

2)Ⅴ级岩质隧道

(1)工况概述

Ⅴ级岩质隧道试验段里程为DK1695+600~DK1695+660,隧道埋深30~42m,掌子面围岩主要为强风化花岗岩或花岗闪长岩。掌子面揭露呈黄褐色,岩体破碎,节理裂隙较发育,裂缝密集且部分张开。毛开挖面能够自稳,偶有掉块现象。掌子面渗水,整体湿润。试验段隧道掌子面影像如图 3-47 所示。

图 3-47　V级岩质隧道试验段掌子面影像

(2)原设计数据分析

V级岩质隧道原设计支护组合形式试验段选取的监测断面为 DK1695 + 657、DK1695 + 650,监测数据均已趋于稳定,并以稳定时监测数据终值作为分析内容,对试验段的锚杆轴力、钢架应力、喷射混凝土应力、围岩压力、拱顶沉降和水平收敛进行如下分析。

①锚杆轴力。

各断面锚杆轴力分布图如图 3-48 所示,受力综合分析见表 3-28。监测数据表明,V级岩质隧道应用"网喷 + 系统锚杆 + 格栅钢架"支护组合形式时,试验段锚杆轴力分布表现为随机性,轴力数值存在突变性与不连续性,所以锚杆的支护效果是区域性的,可对隧道周边围岩存在的破碎部分(几何不稳定体)起到一定的支护作用;而从锚杆轴力整体分布来看,并未呈现明显的坍落拱式受力形态,因此对于隧道来说存在坍落拱荷载是不合理的;但锚杆轴力普遍不大,轴力最大值为 75kN,位于 5 号锚杆测点 4 位置,相比于锚杆材料的极限抗拉力 197.6kN,锚杆均未充分发挥其材料性能。

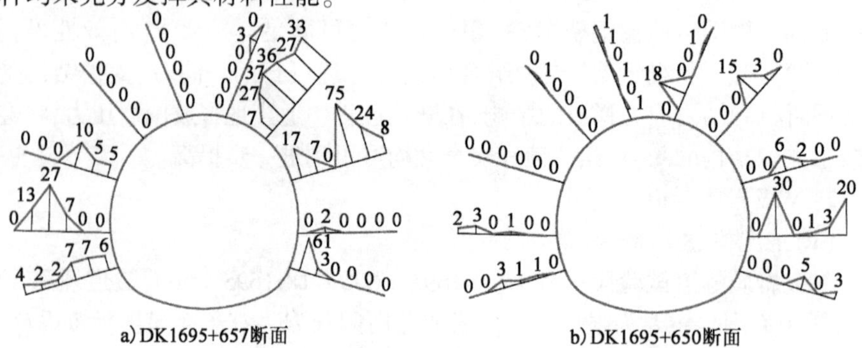

图 3-48　原设计支护组合形式锚杆轴力分布图(单位:kN)

原设计支护组合形式锚杆受力综合分析表　　表3-28

锚杆编号	轴力最大值(kN)	对应测点	轴力平均值(kN)
1号	1	测点1、3、5、6	0.33
2号	18	测点2	1.83
3号	1	测点3	0.08
4号	37	测点3	14.92
5号	10	测点3	1.67
6号	75	测点4	11.00
7号	27	测点4	4.42
8号	30	测点6	4.67
9号	7	测点2、3	2.75
10号	61	测点1	6.00

②钢架应力。

对2个试验断面进行综合分析,得到钢架应力包络图,如图3-49所示,其中,"+"表示受拉,"-"表示受压。监测数据表明,Ⅴ级岩质隧道应用"网喷+系统锚杆+格栅钢架"支护组合形式时,钢架内外侧应力分布均表现为一定的随机性,但大部分表现为受压,局部表现为受拉,压应力最大值为62.59MPa,位于拱顶外侧位置,拉应力最大值为14.79MPa,位于左拱脚外侧位置,相比于钢架主筋材料的极限压、拉应力400MPa,钢筋主筋均未充分发挥其材料性能,从应力角度得到钢架最小安全系数是6.39,具有一定的安全储备。

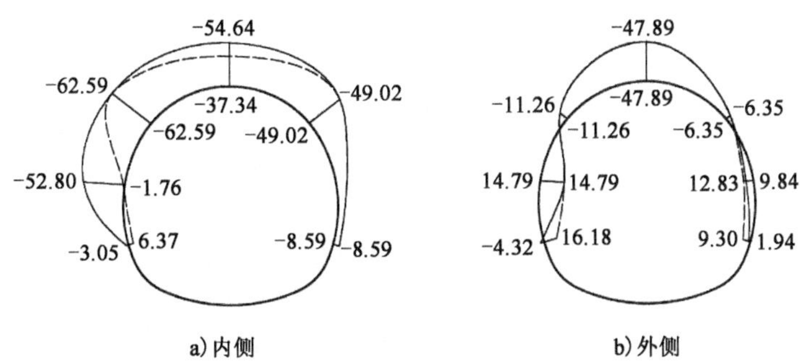

图3-49　原设计支护组合形式钢架应力包络图(单位:MPa)

③喷射混凝土应力。

对2个试验断面进行综合分析，得到喷射混凝土应力包络图，如图3-50所示，其中，“+”表示受拉，“-”表示受压。监测数据表明，V级岩质隧道应用“网喷+系统锚杆+格栅钢架”支护组合形式时，喷射混凝土内外侧应力分布均表现为一定的随机性，但大部分表现为受压，局部表现为受拉，压应力最大值为7.26MPa，位于拱顶内侧位置，拉应力最大值为1.89MPa，位于右拱脚外侧位置，相比于喷射混凝土材料的极限抗压、抗强度，局部位置喷射混凝土对其材料性能应用较明显，但仍具有一定的安全储备。

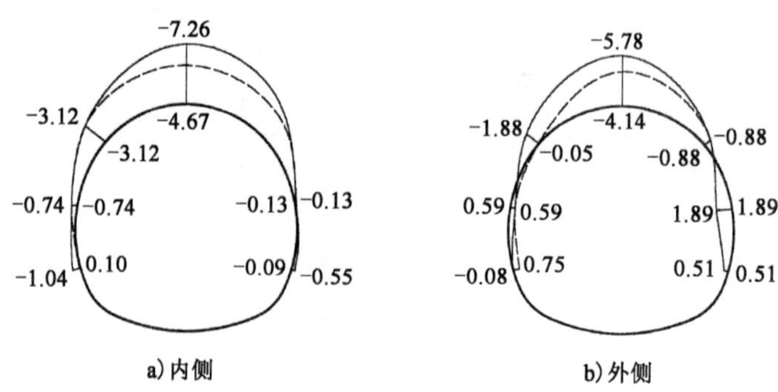

图3-50 原设计支护组合形式喷射混凝土应力包络图(单位:MPa)

④围岩压力。

围岩压力断面分布图如图3-51所示。监测数据表明，V级岩质隧道应用“网喷+系统锚杆+格栅钢架+二次衬砌”支护组合形式时，隧道拱墙处围岩压力不大，最大围岩压力仅有45.28kPa，位于左拱腰位置。根据《铁路隧道设计规范》(TB 10003—2016)坍落荷载作用下的围岩压力计算方法，试验断面围岩垂直压力计算值为215.52kPa，对比监测值和计算值可知，试验断面围岩压力监测值小于坍落荷载作用下的围岩压力计算值。

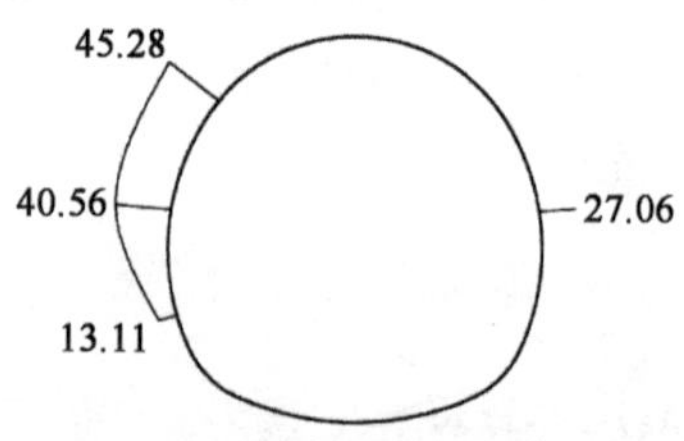

图3-51 原设计支护组合形式围岩压力分布图(单位:kPa)

⑤拱顶沉降和水平收敛。

试验段监测的隧道拱顶沉降和水平收敛量测结果见表3-29。监测数据表明，V级岩质隧道应用“网喷+系统锚杆+格栅钢架+二次衬砌”支护组合形式时，隧道拱顶沉降和水平收敛最终收敛值均小于限值，且周边围岩均向隧道净空侧变形。

原设计支护组合形式拱顶沉降和水平收敛　　表 3-29

量测类型	监测点	最终收敛值(mm)
拱顶沉降	GD01	11.70
水平收敛	SL01	7.62
	SL02	2.39

(3)优化设计数据分析

Ⅴ级岩质隧道优化设计支护组合形式试验段选取的监测断面为 DK1695 + 617、DK1695 + 615、DK1695 + 602,监测数据均已趋于稳定,并以稳定时监测数据终值作为分析内容,对试验段的钢架应力、喷射混凝土应力、围岩压力、拱顶沉降和水平收敛进行如下分析。

①钢架应力。

对 3 个试验断面进行综合分析,得到钢架应力包络图,如图 3-52 所示,其中,“ + ”表示受拉,“ - ”表示受压。监测数据表明,Ⅴ级岩质隧道应用“网喷 + 格栅钢架”支护组合形式时,钢架内外侧应力分布均表现为一定的随机性,但大部分表现为受压,局部表现为受拉,压应力最大值为 76.81MPa,位于左拱腰内侧位置,拉应力最大值为 15.27MPa,位于右拱脚内侧位置,相比于钢架主筋材料的极限压、拉应力 400MPa,钢筋主筋均未充分发挥其材料性能,从应力角度得到钢架最小安全系数是 5.21,具有一定的安全储备。

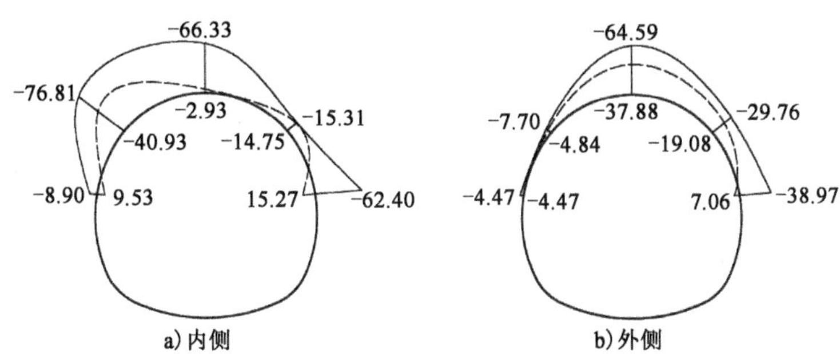

图 3-52 “网喷 + 格栅钢架”组合形式钢架应力包络图(单位:MPa)

②喷射混凝土应力。

对 3 个试验断面进行综合分析,得到喷射混凝土应力包络图,如图 3-53 所示,其中,“ + ”表示受拉,“ - ”表示受压。监测数据表明,Ⅴ级岩质隧道应用“网喷 + 格栅钢架 + 二次衬砌”支护组合形式时,喷射混凝土内外侧应力分布均表现为一定的随机性,但大部分表现为受压,局部表现为受拉,压应力最大值为

9.72MPa,位于拱顶内侧位置,拉应力最大值为0.72MPa,位于右拱脚外侧位置,相比于喷射混凝土材料的极限抗压、抗强度,喷射混凝土均未充分发挥其材料性能,具有一定的安全储备。

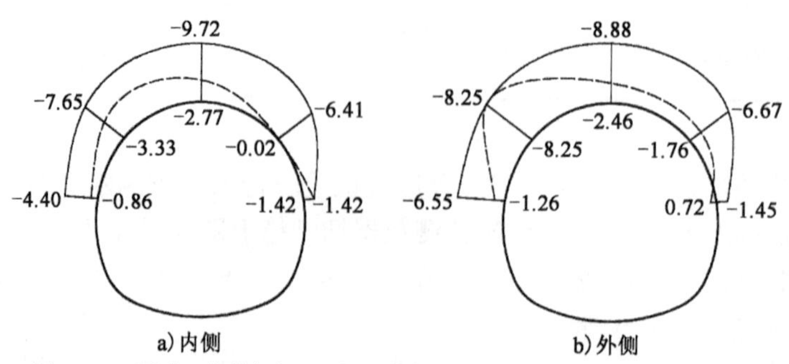

图3-53 "网喷+格栅钢架"组合形式喷射混凝土应力包络图(单位:MPa)

③围岩压力。

围岩压力断面分布图如图3-54所示。监测数据表明,V级岩质隧道应用"网喷+格栅钢架+二次衬砌"支护组合形式时,隧道拱顶局部位置围岩压力较大,达到了248.52kPa。根据《铁路隧道设计规范》(TB 10003—2016)坍落荷载作用下的围岩压力计算方法,试验断面围岩垂直压力计算值为215.52kPa,对比监测值和计算值可知,试验断面拱顶围岩压力监测值大于坍落荷载作用下的围岩压力计算值;但此时拱顶位置围岩压力数值呈现突变性与不连续性,而其他位置围岩压力仍不大,与坍落荷载作用下的围岩压力特征不符。

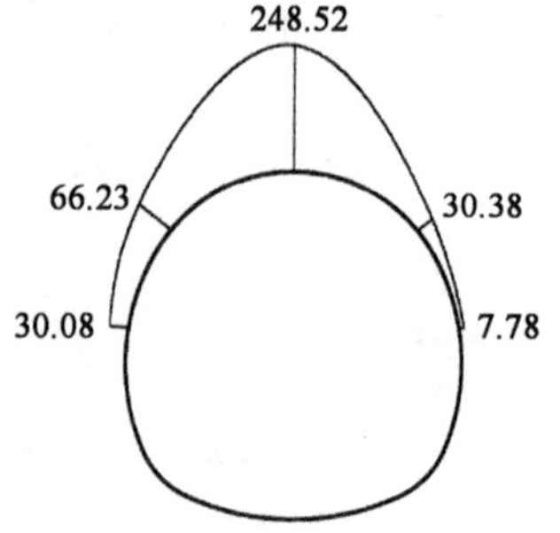

图3-54 "网喷+格栅钢架"组合形式围岩压力分布图(单位:kPa)

④拱顶沉降和水平收敛。

试验段监测的隧道拱顶沉降和水平收敛量测结果见表3-30。监测数据表明,V级岩质隧道应用"网喷+格栅钢架"支护组合形式时,隧道拱顶沉降和水平收敛最终收敛值均小于限值,且周边围岩均向隧道净空侧变形。

"网喷+格栅钢架"组合形式拱顶沉降和水平收敛 表3-30

量测类型	监测点	最终收敛值(mm)
拱顶沉降	GD01	5.20
水平收敛	SL01	5.33
	SL02	1.38

(4)小结

根据优化方案2的V级岩质隧道数据分析可知,锚杆可对隧道周边围岩存在的破碎部分(几何不稳定体)起到一定的支护作用,但并未呈现明显的坍落拱式受力形态,且锚杆轴力普遍不大,均未充分发挥其材料性能;钢架和喷射混凝土受力大部分表现为受压,局部表现为受拉,存在局部位置钢架和喷射混凝土对其材料性能应用较明显,但大部分位置未充分发挥其材料性能;隧道围岩压力整体不大,普遍小于坍落拱式受力形态下的围岩压力,不过存在局部位置围岩压力较大但数值突变的情况;结合隧道的位移监测,隧道周边围岩均向隧道净空侧变形,与钢架和喷射混凝土受压为主的受力模式相符。因此,隧道支护主要承受周边围岩的形变压力,在支护设计方面应注重支护结构的压剪破坏。

综合分析处于裸洞能够自稳埋深范围的V级岩质隧道原设计和优化设计试验结果,应用原设计"网喷+系统锚杆+格栅钢架"支护组合形式时,隧道变形小于限值,隧道锚杆、钢架、喷射混凝土受力局部位置受力偏大但存在突变性,而大部分位置受力较小,未充分发挥其材料性能,因此"网喷+系统锚杆+格栅钢架"支护组合形式过于保守,尚未充分发挥各支护构件的支护效果,产生不必要的工程浪费,有效性差。应用优化设计"网喷+格栅钢架"支护组合形式时,隧道变形相对于原设计有所减小,围岩对支护产生的作用力存在随机性,但仍处于较小水平,隧道钢架、喷射混凝土受力较原设计有所增加,但"网喷+格栅钢架"支护组合形式仍可满足支护要求,有效性得到提高,因此"网喷+格栅钢架"支护组合形式是合理可行的。同时,支护结构受力受支护时机和围岩应力释放的影响,在开挖过程中适当地释放围岩压力,将会大大减小支护结构的受力,经济性和安全性均可得到进一步提高。

第4章 围岩压力表现形式及其特征

4.1 初期支护受力实测值与塌落拱理论计算值的比对

在系统锚杆作用研究与优化工作中，同时对初期支护的受力进行了监测。通过对依照《铁路隧道设计规范》(TB 10003—2016)荷载结构模式(塌落拱理论)计算的初期支护受力和试验段的监测数据进行比对(表4-1和表4-2)，可以发现，坍落拱式的荷载并不普遍存在，Ⅱ级、Ⅲ级花岗岩围岩隧道初期支护受力普遍小于坍落拱荷载，而其余围岩等级和岩性的隧道初期支护受力普遍大于或等于或坍落拱荷载。

初期支护轴力计算值(kN) 表4-1

线路形式和围岩级别	拱 顶	左 拱 腰	右 拱 腰
单线—Ⅲ级	-128.6	-225.5	-225.5
单线—Ⅳ级	-197.95	-329.47	-329.47
双线—Ⅱ级	-230.08	-298.65	-298.65
双线—Ⅲ级	-373.144	-458.459	-458.459
双线—Ⅳ级	-605.58	-760.85	-760.85
双线—Ⅴ级	-1070	-1270	-1270

注：表中数值基于塌落拱理论计算。

初期支护轴力实测值(kN) 表4-2

线路形式—围岩级别—地质状况	拱 顶	左 拱 腰	右 拱 腰
单线—Ⅲ级—粉砂质板岩	-57.59	-23.18	-38.43
单线—Ⅳ级—粉砂质板岩	-362.39	-174.48	-285.00
双线—Ⅱ级—花岗岩	-104.65	-156.52	-167.44
双线—Ⅲ级—花岗岩	-415.56	-479.49	-423.95
双线—Ⅳ级—花岗岩(地下水丰富)	-2400.38	-1059.18	-1455.28
双线—Ⅴ级—花岗岩	-2355.03	-2629.55	-1288.78

续上表

线路形式—围岩级别—地质状况	拱　顶	左 拱 腰	右 拱 腰
双线—Ⅲ级—砂泥岩	-2217.38	-2378.72	-2086.48
双线—Ⅳ级—砂泥岩	-1774.75	-1185.61	-3400.80
双线—Ⅳ级—黄土	-3135.12	-2787.88	-1886.28
双线—Ⅴa级—黄土	-2321.91	-4394.24	-4754.75

4.2 初期支护受力来源分析

各试验段埋深见表4-3。除姚店隧道Ⅴ级—黄土试验段埋深刚刚进入超深埋以外(DII空间),其余各试验段埋深均在深埋E空间。根据前文所述隧道稳定性分类理论,在此空间内,理想条件下隧道无支护状态能够自稳,即此埋深条件下不足以使岩块发生应力(强度)控制型破坏。

各试验段埋深(m)　　表4-3

围岩级别—地质状况	线路形式	埋　深
Ⅲ级—粉砂质板岩	单线	75、407
Ⅳ级—粉砂质板岩	单线	37~40
Ⅱ级—花岗岩	双线	167~169
Ⅲ级—花岗岩	双线	72.6~109
Ⅳ级—花岗岩	双线	55.6~60.8
Ⅴ级—花岗岩	双线	30~41.7
Ⅲ级—砂泥岩互层	双线	224~230
Ⅳ级—砂泥岩互层	双线	60~68
Ⅳ级—黄土	双线	80~112
Ⅴ级—黄土	双线	92~94

初期支护受力主要来自围岩的形变压力,隧道周边局部破碎岩体(几何不稳定体)存在一定的松动荷载,但在开挖断面形式为拱形且支护及时的情况下并不普遍存在坍落拱式的松动荷载。

基于坍落拱荷载的隧道变形计算值和各试验段监控量测数据见表4-4和表4-5。若围岩压力主要来自坍落拱荷载,主动荷载主要来自隧道上方的坍落土体,初期支护拱部受力较大,且发生最大的竖向位移,而边墙受力和位移均较小,且在侧压力系数较小的条件下边墙会向围岩侧变形。现场测试数据表明,初期支护拱部受力较大且拱顶沉降较小,而边墙受力较小,同时水平收敛值较大,说明初期支护受力主要来自围岩的形变压力。同时,隧道周边围岩普遍向隧道净空变形,也说明了初期支护受力并非坍落拱式的松动荷载,而是以形变压力为主。

基于坍落拱荷载的隧道变形计算值 表4-4

线路形式—围岩级别	水平收敛累计值(mm)	拱顶沉降累计值(mm)
单线—Ⅲ级	1.46	4.22
单线—Ⅳ级	-4.26	4.42
双线—Ⅱ级	0.55	14.12
双线—Ⅲ级	-0.02	13.85
双线—Ⅳ级	-0.36	10.85
双线—Ⅴ级	-1.24	14.37

各试验段监控量测数据代表值 表4-5

线路形式—围岩级别—地质状况	水平收敛累计值(mm)	拱顶沉降累计值(mm)
双线—Ⅳ级—花岗岩	11.70	7.62
双线—Ⅴ级—花岗岩	4.56	2.6
双线—Ⅲ级—砂泥岩	8.45	7.3
双线—Ⅳ级—砂泥岩	16.41	8.00
双线—Ⅳ级—黄土	15.90	21.20
双线—Ⅴa级—黄土	26.70	14.10

此外,若围岩压力来自坍落拱荷载,荷载大小恒定不变,与柔性加载原理类似,当初期支护受力达到极限承载力时,会立即发生断裂破坏。而形变压力理论与刚性加载原理类似,当初期支护结构受力进入峰值后,变形增大,同时围岩压力降低,初期支护仍能够利用峰值强度后的残余承载力保持稳定的状态。阳山隧道、中条山隧道发生的初期支护破坏均表明,初期支护受力产生开裂,但并没有进一步发生变形甚至垮塌,而是趋于稳定。这也说明了围岩压力主要来自形变压力和非坍落拱荷载。

4.3 围岩支护特性曲线

现行《铁路隧道设计规范》(TB 10003)认为,初期支护受到的围岩压力为松

散压力(坍落拱荷载),在围岩级别、岩性和隧道断面尺寸确定的条件下为固定值,即塌落拱内的岩体自重。但前文所述研究表明,初期支护受力主要来自围岩的形变压力,而隧道开挖后所产生的围岩压力是由岩体与支护结构共同承担的,而且从某种意义上来说,岩体承担了围岩压力的主要部分。

图4-1是围岩支护特性曲线。在支护时机相同的条件下,不同初期支护刚度对围岩压力有一定的影响。如图中直线1,支护刚度很大,这时作用在支护上的围岩压力也很大,当支护结构与围岩产生少量的径向位移时,作用于支护结构上的围岩压力将沿压力的变化曲线发展,此时,其压力有所减小,但围岩压力值仍然很大。而图中的直线2支护刚度适中,当支护结构与岩体产生位移,围岩压力仍将逐渐减小,但支护结构所具有的承载能力能够抵抗这一围岩压力的变化,使岩体仍保持稳定。另外,在支护刚度相同的条件下,不同支护时机也会对围岩压力有一定的影响。如图中的直线3,其支护刚度与直线1相同,但支护时间较晚,围岩在安全范围内产生一定的位移,围岩压力逐渐减小,仍能保证支护结构所具有的承载力能够抵抗围岩压力的变化。

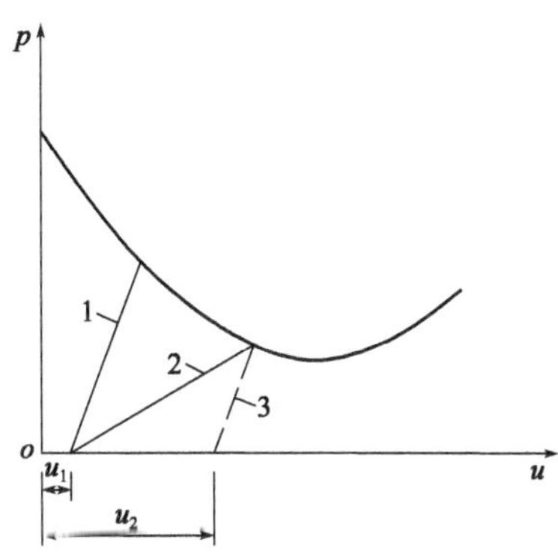

图4-1　围岩支护特性曲线

4.4　围岩支护耦合作用理论

由前文所述围岩支护特性可推广得到如下结论:

(1)围岩压力不是定值,而是与围岩变形量相关的曲线,与支护刚度和支护时机有很大关系。

(2)在现有的支护刚度和支护时机能够抵抗围岩压力的条件下,如果增大预留变形量,或降低支护刚度,允许围岩释放一定的形变压力,初期支护受力会相应减小。选择最优的支护时机和支护刚度参数,能够大大提高支护的经济性。

图4-2是系统锚杆作用研究与优化各岩石隧道试验段计算得到的围岩压力曲线与实际支护受力,说明除围岩等级和岩性外,埋深也是影响围岩压力的主要因素。不过各试验段埋深均在深埋(E空间)内,理想条件下隧道无支护状态能够自稳。掌握以上理论,便可根据实际情况对支护时机和支护刚度进行一定的优化。

2.12
0.21
p(MPa)
u(m)
围岩压力
初期支护受力
a)单线—Ⅲ级—花岗岩(埋深75m)
0.98
0.06
b)单线—Ⅳ级—花岗岩(埋深40m)
4.25
0.04
c)双线—Ⅱ级—花岗岩(埋深169m)
2.69
0.03
d)双线—Ⅲ级—花岗岩(埋深109m)
1.58
0.16
e)双线—Ⅳ级—花岗岩(埋深60.8m)
0.84
0.25
f)双线—Ⅴ级—花岗岩(埋深41.7m)
4.51
0.3
g)双线—Ⅲ级—砂泥岩(埋深230m)
1.58
0.13
h)双线—Ⅳ级—砂泥岩(埋深68m)

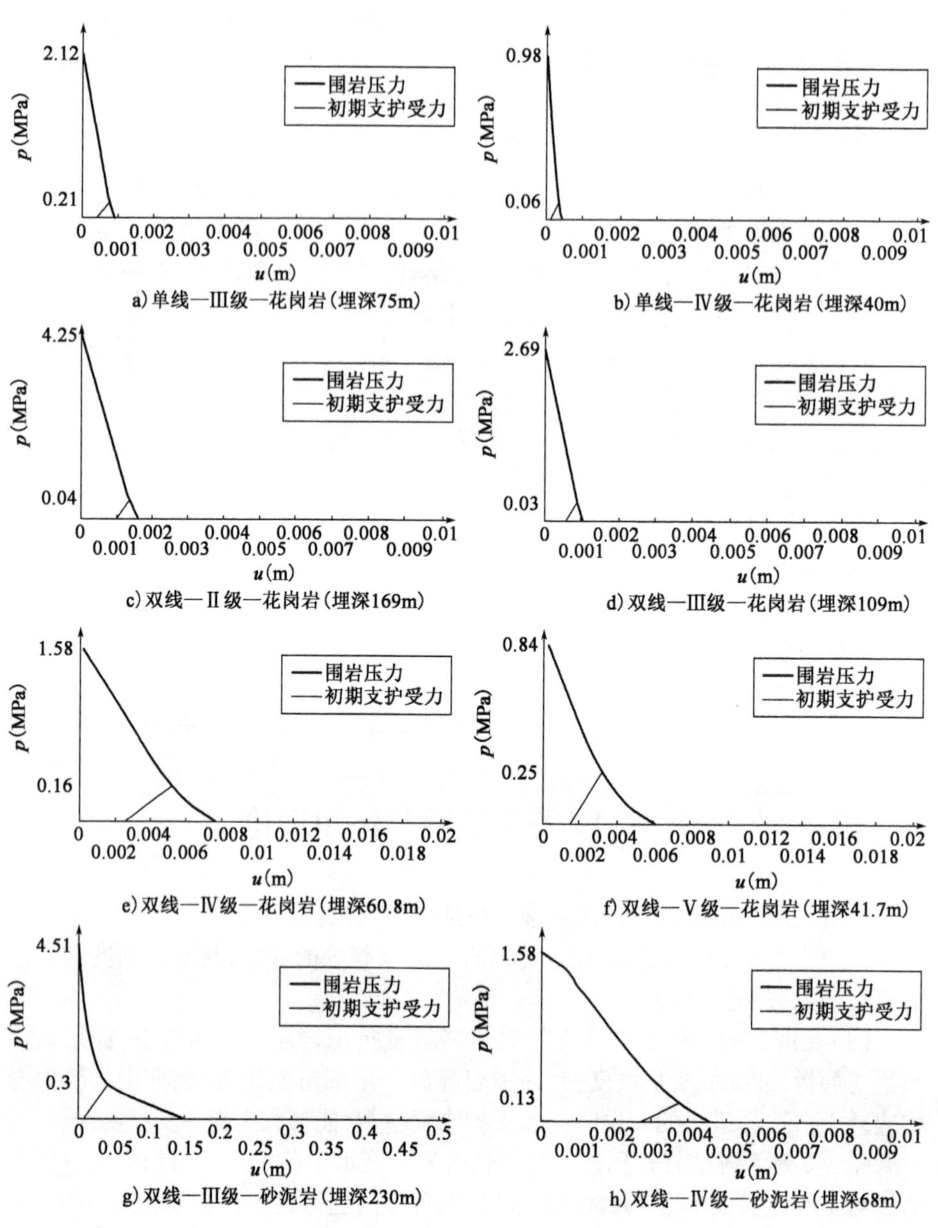

图 4-2

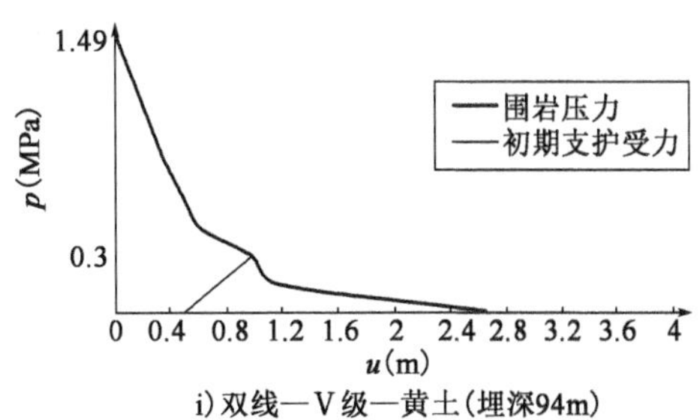

i) 双线—Ⅴ级—黄土(埋深94m)

图4-2 试验段计算围岩压力曲线与实际支护受力

(3)在现有的支护刚度和支护时机不能够抵抗围岩压力的条件下，单纯增加支护刚度，而不改变支护时机，围岩压力也会相应增大，大多数条件下新的支护结构仍旧不能够抵抗新的围岩压力(例如阳山隧道出口段)。此时，选择增大预留变形量，允许围岩释放一定的形变压力，初期支护受力会大大减小，或采用能够变形吸能的支护结构，也能够释放一定的围岩压力，减小初期支护受力。以上两种方式均能够提高支护结构的安全性。

综合分析各试验段初期支护受力状态原因，如图4-3所示，在深埋(E空间)条件下，岩质较硬、完整性较好的围岩，隧道开挖成拱后围岩会很快达到自稳，位移变形量很小，初期支护受到的形变压力很小，且小于坍落拱荷载；岩质较软、完整性较差或埋深相对较深的围岩，隧道开挖成拱后围岩达到自稳的时间较长，位移变形量较大，较早的支护会限制围岩的形变，初期支护所受到的形变压力较大，甚至会出现初期支护受力大于坍落拱荷载的情况。

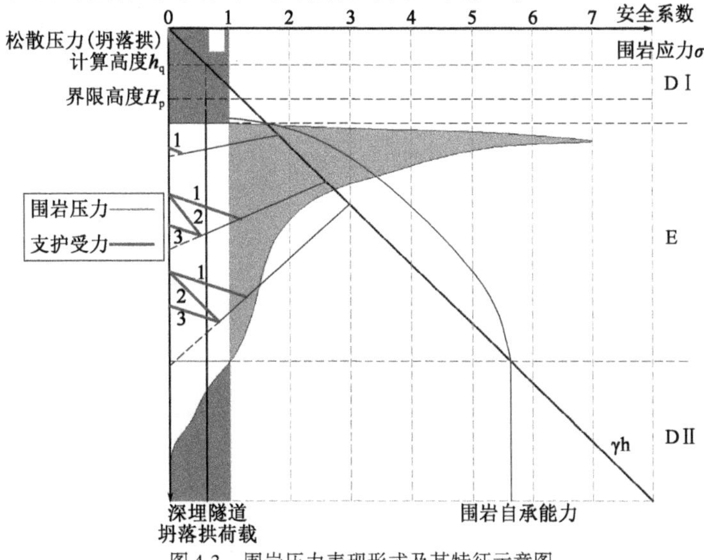

图4-3 围岩压力表现形式及其特征示意图

大量现场测试表明，坍落拱荷载并不普遍存在，形变压力是围岩压力的普遍表现形式，因此依照该理论来计算隧道所受荷载大小并指导设计具有较大的不准确性。围岩压力并不是现行《铁路隧道设计规范》(TB 10003)中所认为的固定值，而是与围岩和初期支护的相互作用有关，不同的支护刚度和支护时机会影响初期支护所受围岩压力的大小，合理地选择支护刚度和支护时机能够提高隧道的安全性和经济性。

第5章　初期支护受力特征及组合形式优化

5.1　初期支护受力特征的现场数据表征

系统锚杆作用研究与优化试验各试验段初期支护受力及监控量测数据表明，隧道普遍向净空侧变形，初期支护普遍受压，且为普遍小偏心受压结构。同时初期支护受力以及拱顶沉降、水平收敛值最终均达到收敛状态（$a_N<0$，$a_u<0$），以九岭山双线隧道Ⅳ级花岗岩试验段为例，如图5-1所示，说明现有的支护参数是安全的。

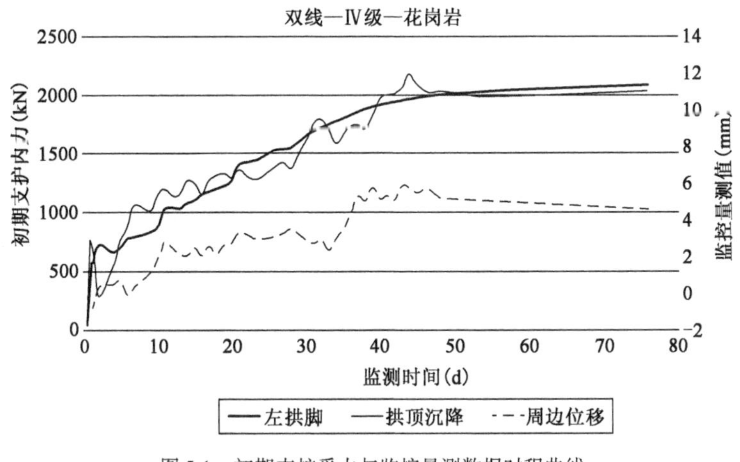

图5-1　初期支护受力与监控量测数据时程曲线

5.2　初期支护破坏模式的现场案例表征

阳山隧道、中条山隧道初期支护的破坏形态如图5-2所示，可以看出，其破坏模式为混凝土的斜截面压剪破坏，而非正截面的拉弯破坏。

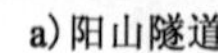

a)阳山隧道

b)中条山隧道

图 5-2　隧道初期支护破坏形态

5.3　初期支护受力特征的模型试验和数值模拟研究

对全环双线 H180 标准设计型格栅钢架进行了模型试验与数值模拟，模型试验破坏形态如图 5-3 所示。

a)模型试验

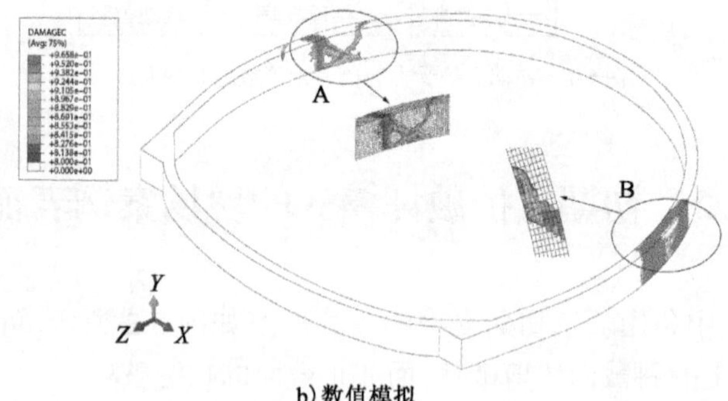

b)数值模拟

图 5-3　双线 H180 标准设计型格栅钢架破坏形态(竖向加载，横向有约束)

由图可知,试验与数值模拟最终均在靠边墙附近的混凝土发生类似"X"形的压剪破坏;由初期支护模型试验与数值模拟的结果可以看出,支护结构均由于斜截面的剪切强度不足发生破坏,并没有出现弯拉破坏。

阳山隧道数值模拟结果如图5-4所示,可以看出,初期支护的破坏模式与实际破坏一致,在拱腰部位发生斜截面的压剪破坏。

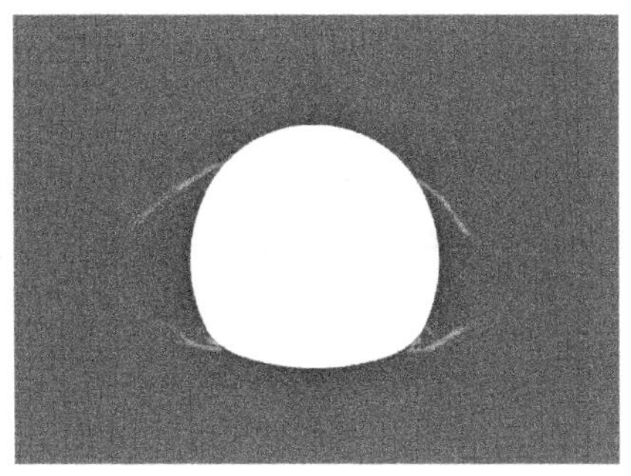

图5-4　阳山隧道破坏模式数值验证

5.4　格栅钢架受力特征及作用研究

系统锚杆作用研究与优化试验各试验段对格栅钢架的受力监测也表明,格栅钢架受力很小。分析其原因认为,目前初期支护的支护参数是一种少筋的结构形式,以格栅钢架间距1.0m、喷射混凝土厚度20cm为例,格栅钢架的弹性模量E_g与混凝土的弹性模量E_h之比$E_g/E_h\approx10$,考虑二者同步变形,格栅钢架的受力面积A_g与混凝土的受力面积A_h之比$A_g/A_h\approx0.0076$,则格栅钢架受力N_g与混凝土受力N_h之比$N_g/N_h\approx0.076$,格栅钢架为结构提供的抗压承载力非常小。在设计中,格栅钢架的主要作用是提高初期支护的抗拉弯性能,前文结论均表明,隧道初期支护普遍为小偏心受压结构,而对于小偏心受压结构,其破坏类型主要为混凝土的斜截面压剪破坏。此时,初期支护斜截面的抗剪强度主要由混凝土控制,钢筋的主要作用是在峰值强度后混凝土退出工作后提供韧性,现有格栅钢架主筋及8字结构造形式对提高初期支护抵抗斜截面压剪破坏的能力贡献不大,故应该对格栅钢架主腹筋直径或格栅钢架截面形式进行优化。

5.5　浩吉铁路隧道初期支护组合形式优化

从力学形态上看,隧道支护构件属于压弯剪复合受力构件,但在形变压力作用下，表现的受力形态普遍为小偏心受压，而非大偏心受压，正截面剪切也不控制设计。当以混凝土为主要材料的构件在小偏心受压状态下，截面的承载力受混凝土抗压强度的控制，产生的是斜截面压剪破坏。阳山隧道支护破坏特征、相应的模型试验和数值模拟表明，衬砌结构受力主要为小偏心受压，破坏特征为支护结构斜截面抗剪强度不足的压剪破坏，并非传统认识上的大偏心受压下的弯拉破坏。因此对于隧道初期支护这类少筋的结构形式，钢筋对结构峰值强度的提高并没有太大贡献，钢筋配置的意义在于提高初期支护的韧性。

综合研究成果，浩吉铁路隧道初期支护组合形式与优化的建议措施如下：

(1)系统锚杆、格栅钢架以及喷射混凝土三种支护措施并不需要同时全部施作，应根据实际的围岩情况及施工工艺选择合理的组合形式。

(2)浅埋隧道由于破裂角塌落至地表，隧道上覆岩体整体下移，系统锚杆无法起到支撑作用，建议取消系统锚杆。

(3)围岩较硬、完整性较好的深埋岩石隧道建议取消系统锚杆，仅采用喷射混凝土的支护方式，或采用网喷混凝土或纤维混凝土。

(4)围岩较软、完整性较好的岩石隧道建议取消系统锚杆，仅采用格栅钢架网喷的支护形式。

(5)围岩完整性较差的岩石隧道建议在锚网喷和格栅钢架网喷两种支护形式中选择一种，由于目前现场系统锚杆的施工工艺存在一定的问题，建议取消系统锚杆，仅采用栅钢架网喷的支护形式。

(6)结合格栅钢架受力机理与结构优化研究，格栅钢架喷射混凝土可以代替型钢喷射混凝土，且目前采用的格栅钢架结构形式本身仍可进一步优化。

参 考 文 献

[1] 仇文革,李冰天,田明杰,等. 基于现场实测的隧道初期支护受力模式分析[J]. 隧道建设(中英文),2017,37(12):1508-1517.

[2] 黄海昀,仇文革,黄戡,等. 石质铁路隧道初期支护优化研究[J]. 铁道科学与工程学报,2019,16(01):152-161.

[3] 申志军,黄海昀,李思,等. 初期支护组合形式有效性现场试验研究[J]. 隧道建设(中英文),2018,38(02):161-170.

[4] 李思. 山岭隧道支护组合形式优化研究[D]. 成都:西南交通大学,2019.

[5] 关宝树. 漫谈矿山法隧道技术第三讲——锚杆[J]. 隧道建设,2016,36(01):1-11.

[6] 关宝树. 漫谈矿山法隧道技术第四讲——钢架[J]. 隧道建设,2016,36(02):123-130.

[7] 章慧健,仇文革,赵斌,等. 系统锚杆的非均衡支护研究[J]. 现代隧道技术,2015,52(01):98-104.

[8] 陈建勋,乔雄,王梦恕. 黄土隧道锚杆受力与作用机制[J]. 岩石力学与工程学报,2011,30(08):1690-1697.

[9] 郭军,王明年,谭忠盛,等. 大跨浅埋黄土隧道中系统锚杆受力机制研究[J]. 岩土力学,2010,31(03):870-874.

[10] 邓斌,饶和根,廖卫平,等. 软岩隧道支护结构优化研究[J]. 铁道科学与工程学报,2017,14(10):2203-2213.

[11] 张顶立,陈峰宾,房倩. 隧道初期支护结构受力特性及适用性研究[J]. 工程力学,2014,31(07):78-84.

[12] 陈建勋,杨善胜,罗彦斌,等. 软弱围岩隧道取消系统锚杆的现场试验研究[J]. 岩土力学,2011,32(01):15-20.

[13] 谭忠盛,喻渝,王明年,等. 大断面深埋黄土隧道锚杆作用效果的试验研究[J]. 岩石力学与工程学报,2008(08):1618-1625.

[14] 郑颖人,赵尚毅. 岩土工程极限分析有限元法及其应用[J]. 土木工程学报,2005(01):91-98,104.

[15] 郑颖人,王永甫. 隧道稳定性分析与设计方法讲座之一:隧道围岩压力理论进展与破坏机制研究[J]. 隧道建设,2013,33(06):423-430.

[16] 张常光,曾开华. 等值地应力下岩质圆形隧道位移释放系数比较及应用

[J]. 岩石力学与工程学报,2015,34(03):498-510.

[17] 李鹏飞,周烨,伍冬. 隧道围岩压力计算方法及其适用范围[J]. 中国铁道科学,2013,34(06):55-60.

[18] 房倩,张顶立,王毅远,等. 圆形洞室围岩破坏模式模型试验研究[J]. 岩石力学与工程学报,2011,30(03):564-571.

[19] 杜国平,刘新荣,李晓红,等. 隧道单层衬砌结构稳定性现场试验及变形控制[J]. 重庆大学学报,2013,36(12):79-85,91.

[20] 吴建军. 破碎围岩条件下铁路隧道单层衬砌结构力学特征研究[J]. 铁道工程学报,2011,28(04):53-57.

[21] 龚彦峰,张俊儒. 隧道单层衬砌设计方法研究及应用[J]. 岩土力学,2011,32(04):1062-1068.

[22] 刘新荣,祝云华,李晓红,等. 隧道钢纤维喷射混凝土单层衬砌试验研究[J]. 岩土力学,2009,30(08):2319-2323.